Marion Stieglitz

Glücksorte in der Ortenau

Fahr hin & werd glücklich

Dieses

Glücksbuch

ist für

Liebe Glücksuchende,

als ich vor etwa 15 Jahren für ein Praktikum von Bayern in die Ortenau gezogen bin, wäre ich beinahe in Hessen gelandet. Der Mann am Bahnschalter hatte mir versehentlich ein Zugticket nach Offenbach ausgestellt, was gut 200 Kilometer von Offenburg entfernt liegt – dem eigentlichen Ziel meiner Reise. Die Verwechslung von Offenburg und Offenbach habe ich seither noch öfter erlebt. Nicht selten erfahre ich auch, dass Menschen den Begriff Ortenau nicht so genau zuordnen können. Als „Reingeschmeckte“ kann ich mich gut in sie hineindenken, denn früher wäre es mir vermutlich ähnlich ergangen. Umso dankbarer bin ich dafür, dass ich mittlerweile hier wohnen darf, denn ich habe mich hoffnungslos in meine neue Heimat verliebt. Bei der Arbeit an diesem Buch durfte ich viele wunderbare Orte besuchen, die ich als echte Glücksbringer wahrgenommen habe: vom duftenden Rosengarten bis hin zum originellen Feriendomizil im Schwarzwaldhof.
Die badische Lebensfreude zeigt sich hier in unzähligen Facetten – und glücklicherweise ist sie ansteckend. Wer die Ortenau kennenlernen darf, genießt ihren unverwechselbaren Charme. Ich wünsche Ihnen viel Freude beim Entdecken!

Ihre Marion Stieglitz

GLÜCK

Deine Glücksorte ...

... noch mehr Glück für dich

Filmreifes Refugium

1

Das Palais Wunderlich in Lahr

Im Garten sitzend mit Blick auf die imposante Gebäudegruppe fühlt sich der Gast wie in einem dieser französischen Filme rund um ein malerisch in Szene gesetztes Anwesen. Während das Kinovergnügen allerdings schnell verflogen ist, kann der Aufenthalt im Palais Wunderlich beliebig ausgedehnt werden. Selbst wenn mal keine Zeit für einen langen Urlaub bleibt, bietet bereits ein Wochenendaufenthalt die wunderbare Gelegenheit, den Alltag zu vergessen und in ein besonderes Ambiente einzutauchen – und das beginnt gleich hinter dem Eingangstor, durch das einst Kutschen ein- und ausfuhren.

Etwa um die Jahre 1798 und 1799 ließ Kolonialwarenhändler Carl Wunderlich in Lahr einen repräsentativen Bau als Wohnhaus und Lager errichten. 50 Jahre später baute Friedrich Bader hier die erste reine Zigarrenfabrik der Region auf. Im Laufe des letzten Jahrhunderts hatte das Anwesen seinen Glanz eingebüßt, bis das Ehepaar Hugenberg die Idee für die Neugestaltung eines besonderen Urlaubsdomizils entwickelte, wofür eine aufwendige Sanierung nötig war. „Wenn wir von Anfang an gewusst hätten, wie viel Arbeit das alles bedeutet, hätten wir es vielleicht nicht gewagt", verraten die engagierten Gastgeber. Zum Glück haben sie nicht aufgegeben und bieten heute individuell ausgestattete Ferienwohnungen an, bei denen die historische Architektur auf stilvolle Weise mit zeitlos schönen Design-Möbeln ergänzt wurde. Da wären kleinere Apartments für Alleinreisende oder Paare sowie bis zu 170 Quadratmeter große Unterkünfte für bis zu neun Personen. Jedes Apartment verfügt über eine eigene Küche. Gern wird das Anwesen auch dafür genutzt, Familienfeste zu feiern – in den kühleren Monaten in einem der heizbaren Gewölbekeller und in der warmen Jahreszeit im Garten. Dann gibt es eine große Tafel unter freiem Himmel, flankiert von blühenden Rosensträuchern. Schon wieder schweift die Erinnerung zu einem dieser stimmungsvollen französischen Filme. Doch das „Savoir-vivre" im Palais Wunderlich ist erfreulicherweise ganz real.

TIPP

Gastgeber Alexander Hugenberg bietet im Palais Wunderlich auch Weinverkostungen an.

- Palais Wunderlich, Kaiserstraße 62, 77933 Lahr, Tel. (01 51) 25 07 79 08 www.palais-wunderlich.de
- ÖPNV: Bus 106, 7141, Christian Trampler Hof/Lahr, wenige Gehminuten

Wohnzimmerflair-Shopping

2 Der Concept-Store Elfen-Naht in Oberkirch

„Darf es ein Espresso sein?“ Mit diesem Angebot werden die Gäste von Nadine Decker und ihrem Team begrüßt. Herzlich geht es zu im Laden „Elfen-Naht“, der wegen seines facettenreichen Angebots auch Concept-Store getauft wurde. Unter dem Gebälk eines historischen Stadthauses erstreckt sich eine Warenwelt, die nahezu alle Bereiche abdeckt, um das Leben schöner zu machen: Kleidung für Kinder und Erwachsene, Wohnaccessoires, Pflegeprodukte, Papeterie, Feinkost und vieles mehr. Alle Artikel stammen von ausgefallenen Marken, die es nicht in üblichen Läden zu kaufen gibt.

Der Concept-Store würde wegen seines schicken Ambientes auch gut nach Berlin oder Hamburg passen – doch zum Glück ist Inhaberin Nadine Decker fest in Oberkirch verwurzelt und wagte hier 2016 den Schritt zur Eröffnung eines eigenen Ladens. „Schon zuvor habe ich im Wohnzimmer private Shopping-Tage organisiert, aber irgendwann wollte meine Familie unser Zuhause wieder für sich allein haben“, erinnert sie sich lachend und ergänzt: „Meine Schmuckstücke mussten endlich ein eigenes Heim bekommen.“ Nach und nach verwandelte sie alle Stockwerke des markant in Apfelgrün gestrichenen Gebäudes am Kirchplatz in ihr außergewöhnliches Geschäft. Erst vor Kurzem wurde auch der Raum unter dem Dachgiebel komplett neu gestaltet. Hier finden Brautpaare oder Jubilare nun stilvolle Event-Dekoration zum Ausleihen. Das Angebot reicht vom kleinen Windlicht bis zu Korbstühlen für die Freiluft-Trauung. Nadine Decker und ihr Team beraten natürlich gern, welche Stücke gut zusammenpassen – und zwar so, wie man eine gute Freundin beraten würde: ehrlich und einfühlsam. So hat sich der Concept-Store das gemütliche Wohnzimmerflair konsequent bewahrt. Es kommt gar nicht selten vor, dass sich Gäste auf einen der bereitstehenden Stühle setzen und sich gleich wie daheim fühlen.

TIPP

Mit Freundinnen einen privaten Shopping-Abend buchen und ungestört durch das gesamte Sortiment stöbern.

- Elfen-Naht, Thomaslohgasse 10, 77704 Oberkirch, Tel. (0 78 02) 70 00 82 www.elfennaht.de
- ÖPNV: Bahnhof Oberkirch, etwa 10 Gehminuten

Gutes aus aller Welt

3 Spaziergang über den Offenburger Wochenmarkt

Wenn Leute von ihren Urlauben in Frankreich oder Italien schwärmen, dann sind es oft die Besuche auf dem Gemüsemarkt, die zur mediterranen Auszeit gehören – dabei gibt es ähnlich verlockende Märkte auch bei uns: zum Beispiel jeden Dienstag und Samstag in der Offenburger Innenstadt. Vom Lindenplatz bis zur Hauptstraße sind die bunten Stände aufgereiht und zwar ganzjährig jeweils ab 7.30 Uhr bis etwa 13 Uhr. Frühe Gäste haben den Markt fast für sich allein. Später tummeln sich viele Besucher und die Plätze in den Straßencafés sind rasch vergeben. Wer seinen Korb schon fleißig gefüllt hat, darf sich mit einem Cappuccino oder einem Eisbecher belohnen und das Gefühl von „dolce vita" bzw. „laisser-faire" genießen. Auf Italien oder Frankreich muss man hier ohnehin nicht verzichten. Neben vielen regionalen Obst- und Gemüsehändlern finden sich Stände mit Pasta aus Turin, Käse aus dem Elsass sowie allerlei weitere internationale Spezialitäten aus der Türkei, aus Syrien oder aus Vietnam. Die Organisatoren möchten das Angebot vielfältig halten und genau darin liegt der Reiz dieses Wochenmarkts.

TIPP
Blumenfans entdecken beim Neptunbrunnen von Mai bis September herrliche Duftrosen.

Manche Anbieter, wie die Gärtnerei Bahr, die ihren großen Stand mit Kräutern, Blumen und Gemüse allwöchentlich beim Rathaus aufbaut, prägen den Markt seit Jahrzehnten. Andere feiern gerade erst ihre Premiere zum Beispiel mit einem kleinen Tisch voller handgebundener Sträuße aus dem eigenen Garten. Egal, wie voll der Korb schon ist – für solch ein Blumenkunstwerk lässt sich immer noch ein Plätzchen ausmachen.

Nicht vergessen werden darf ein Abstecher über den Marktplatz. Dort finden regelmäßig parallele Märkte statt wie zum Beispiel der Hamburger Fischmarkt oder der Markt der Kulturen, bei dem internationale Imbiss-Stände zur kulinarischen Weltreise einladen. Dazu liefern Tanzgruppen ein breit gefächertes Programm mit spanischem Flamenco, Samba aus Brasilien oder Afro Salsa. Bunter und anregender könnte ein Stadtbummel kaum sein.

- Offenburger Wochenmarkt, www.offenburg.de
- ÖPNV: Bus R2, S2, S6, 7141, Rathaus/Zentrum Offenburg, wenige Gehminuten

Eigene Topfkräuter
aus Bio-Anbau
Bio- Monats-
Erdbeeren
Topf € 4,20
Gärtnerei Bahr

Outdoor-Museum

4 Der Kunstweg Weinsüden in Sasbachwalden

Wer Gemälde oder Fotos bewundern möchte, besucht üblicherweise eine Galerie oder ein Museum – ideale Ausflugsziele für Schlecht-Wetter-Tage. Wenn Sonnenschein und blauer Himmel jedoch nach draußen zum Spaziergang locken, muss keineswegs auf einen Bilderreigen verzichtet werden. Die 2021 eröffnete Wanderroute „Weinsüden – Kunst trifft sonnige Rebhänge und fantastische Aussichten“ bietet die wunderbare Möglichkeit, eine Ausstellung zu erkunden, und zwar vor malerischer Landschaft. An besonders schönen Wegpunkten sind 32 Kunstwerke platziert, die sich auf kreative Art mit der Region auseinandersetzen.

Alle beteiligten Künstler und Künstlerinnen sind rund um den Schwarzwald verwurzelt und viele sind zugleich Mitglieder des Autorennetzwerks Ortenau-Elsass, das die hiesige Kulturszene seit vielen Jahren prägt. Zu sehen gibt es keine Originalwerke, denn diese würden die Witterung nicht lange überstehen. Gedruckt auf robusten Aluminiumträgern präsentieren sich alle Bilder, sodass die einzigartige Ausstellung für eine unbegrenzte Zeit, und zwar das ganze Jahr hindurch zum Erkunden einlädt. Poetische Landschaftsmotive wechseln sich ab mit ausdrucksstarken Fotos, kalligrafischen Darstellungen und vielem mehr.

TIPP

Eine Rast einlegen beim idyllisch gelegenen „Vierthalers Wein-und Schnapshäusle“ auf der Mitte der Strecke.

Die Tour beginnt beim Parkplatz in der Straße Michelbach am östlichen Ortseingang von Sasbachwalden. Von hier aus führt der gut ausgeschilderte Rundweg hinauf „Auf die Eck“, dann weiter über die Rebhänge in Richtung Büchelbach und zuletzt geht es am Naturhotel Holzwurm vorbei zum Ausgangspunkt. Für die 2,7 Kilometer lange Strecke muss man kein Wanderprofi sein – anders als im Museum wäre jedoch festes Schuhwerk ratsam, denn der Weg entlang der Weinberge ist durchaus steinig. Auch wenn die Route nicht allzu lang ist, sollte genug Zeit eingeplant werden, um der Kunst und der Landschaft genügend Aufmerksamkeit schenken zu können.

- Kunstweg Weinsüden in Sasbachwalden, www.sasbachwalden.de
- ÖPNV: Bus 400, Michelbach/Sasbachwalden, wenige Gehminuten

WEINSÜDEN

Grenzenloses Drama

5

Das Theater Eurodistrict BAAL in Neuried

Schon die Architektur dieses Hauses zeigt, dass es sich hier um ein unkonventionelles Konzept handelt. Wie in einem antiken Theater sitzen die Zuschauer halbkreisförmig um die Bühne. So finden die Stücke direkt vor dem Publikum in der ersten Reihe statt, ohne trennenden Bühnengraben oder Ähnliches. Der enge Kontakt zu den Zuschauern prägt das Theater Eurodistrict BAAL seit seiner Gründung im Jahr 2005. Damals besaß das Team rund um Theaterleiter Edzard Schoppmann noch kein eigenes Haus und man gastierte an verschiedenen Standorten in der Ortenau und im Elsass: in Mehrzweckhallen, Schulen und auch mal in Bauernhöfen mitten auf dem Land. Durch die Nähe zu Frankreich standen von Anfang an mehrsprachige Inszenierungen auf dem Programm. Bis heute versteht sich das BAAL-Theater als grenzüberschreitendes und interkulturelles Haus, das ein breites Repertoire aufweist: von poetischen Märchenstücken für Kinder bis zu politisch aktuellen Inszenierungen, von Volksstücken in elsässischer Mundart bis zum musikalischen Kammerspiel. Oft haben die Stücke einen direkten Bezug zur Grenzregion, sodass regional verwurzelte Stoffe durch aufwendige Recherchearbeit in spannende Bühnenstücke verwandelt werden.

TIPP

Im Europäischen Forum am Rhein befinden sich neben dem BAAL-Theater auch mehrere Restaurants.

Seit 2019 hat die Theatergruppe im neu erbauten Europäischen Forum am Rhein einen festen Standort mit eigener Bühne gefunden – wobei das Team auch weiterhin Gastspiele in der Region gibt, um möglichst viele Zuschauer zu erreichen. Theater soll zu den Menschen kommen – so lautet das Motto. Und dazu passt auch das unkonventionelle Raumkonzept im Neurieder Theater. Der Zuschauer erlebt hier die Stücke auf ganz unmittelbare Weise und darf eintauchen in bildgewaltige Inszenierungen. Gern wird das Publikum im Anschluss an die Darbietung noch zum Gespräch eingeladen und vielleicht entstehen dabei sogar Anregungen für kommende Inszenierungen. In Neuried bleibt Theater stets in Bewegung.

- Theater Eurodistrict BAAL, Am Altenheimer Yachthafen 1, 77743 Neuried, Tel. (07 81) 97 06 97 10, www.theater-baden-alsace.com
- ÖPNV: Bus R2, Altenheim Europäisches Forum am Rhein/Neuried

Blaues mit Aussicht

6 Wellness im Kinzigtalbad in Hausach

Das Erholungsbecken verdient seinen Namen: Hier laden Sprudelliegen zum blubbernden Verweilen bei angenehm warmen 32 Grad ein. Wer unter der Woche am Vormittag vorbeikommt, hat diese XXL-Badewanne oft ganz für sich alleine. Und als wäre das nicht schon Annehmlichkeit genug, beglückt die Badegäste auch noch ein weiter Ausblick ins Grüne mit Ostbäumen und Wiesen bis zum Horizont.
Seine idyllische Lage am Ortsrand von Hausach unterscheidet dieses Ganzjahresbad von vielen anderen Bädern. Es wurde 2019 in seiner heutigen Form eingeweiht und ist ein Gemeinschaftsprojekt, an dessen Realisierung die umliegenden Ortschaften Haslach, Wolfach, Fischerbach, Gutach, Mühlenbach, Oberwolfach, Steinach und Schiltach beteiligt waren. Neben dem Hallenbad öffnet in den warmen Monaten auch das dazugehörige Freibad mit Sprungtürmen, Sportbecken, Wasserrutschen und Kinderbereichen – alles eingebettet in eine großzügige Parklandschaft mitten im Kinzigtal. Wer gern ins Schwitzen gerät, besucht den Saunabereich. Auch hier fällt überall der Blick ins Grüne, und zwar in einen liebevoll angelegten Saunagarten mit einem munter dahinplätschernden Bächlein, flankiert von blütenreicher Bepflanzung. Ein freundlich lächelnder Buddha-Kopf erscheint wie eine unausgesprochene Aufforderung: An diesem Fleckchen Erde gilt das Gebot der Entspannung. Die Liegen im Garten und im Ruheraum verlocken zum Nickerchen. Danach wäre vielleicht eine gute Gelegenheit für ein Wechselfußbad nach Kneipp'scher Art: nach fünf Minuten im warmen Wasser für etwa zehn Sekunden in möglichst kaltes Wasser eintauchen – ein natürliches Mittel zur Stärkung des Immunsystems und zur Förderung der Durchblutung. Auch hierbei gewährt eine breite Glasfront eine schöne Aussicht in die Natur. So darf jeder im Kinzigtalbad seinen ganz persönlichen Glücksort finden. Auswahl dafür gibt es jedenfalls reichlich.

TIPP
Wer den ganzen Tag bleibt, kann sich im hauseigenen Bistro verwöhnen lassen.

- Kinzigtalbad Ortenau, Schanze 4, 77756 Hausach, Tel. (0 78 31) 9 69 87 80
www.kinzigtalbad-ortenau.de
- ÖPNV: Bus 7151, Hegerfeld/Hausach, wenige Gehminuten

Lustwandeln im Barock

7 Der Prinzengarten in Ettenheim

Ein Besuch in dieser schmucken Anlage erweist sich zugleich als Geschichtsstunde in Sachen Gartenkunst – die Zeitreise geht weit zurück bis in die Epoche des Barocks, als das Credo galt, Natur müsse gezähmt werden, und zwar auf eine möglichst aparte Weise. In vier Bereiche ist der Garten in Ettenheim unterteilt, angelehnt an die Regelwerke aus dem Buch „La Thèorie et la Pratique du Jardinage" von Antoine-Joseph Dézallier d'Argenville aus dem Jahr 1709. Da gibt es die Festwiese („Tapis vert") als Ort für das gesellige Beisammensein oder für Freiluft-Kulturveranstaltungen. Im Obstgarten („Fruitier") gedeihen eine Reihe alter Obstsorten mit wohlklingenden Namen wie Rote Sternrenette oder Goldparmäne. Gesunde Ernteschätze, die auch für das Auge hübsch anzusehen sind, wachsen wiederum im Gemüsegarten („Potager"). Dann wäre da noch das Wäldchen („Bosquet"), das auf eine Anhöhe führt. Diese kleine Oase erinnert an wilde Natur. Anders als in der Wildnis stehen hier einige Bänke bereit, um sich eine Pause zu gönnen und den Blick über den Prinzengarten schweifen zu lassen.

TIPP

Zur Weihnachtszeit verwandelt sich das Gartenhaus in ein märchenhaftes Knusperhäuschen.

Seinen Namen verdankt er übrigens einer rührenden Liebesgeschichte: Der ab 1792 in Ettenheim im Exil lebende Herzog Louis Antoine Henri de Bourbon war vernarrt in Prinzessin Charlotte de Rohan-Rochefort. Beide genossen an diesem Fleckchen Erde die Freude am gemeinsamen Gärtnern. Ob sie bei diesen Tête-à-Têtes im Grünen vielleicht sogar heimliche Küsse im Gartenhaus austauschten? Das rosafarbene Gebäude, das sich wie ein Schlösschen im Miniaturformat präsentiert, erscheint als idealer Ort für derlei galante Verabredungen. Beinahe wäre diese romantische Gartenanlage übrigens der Erbauung eines schnöden Parkplatzes zum Opfer gefallen, aber dieser Plan scheiterte am Widerstand der Ettenheimer Bevölkerung. Aus der Protestbewegung entstand ein Förderverein, der die Pflege der Gartenanlage teilweise noch heute betreut.

- Prinzengarten, Im Pfaffenbach, 77955 Ettenheim, www.ettenheim.de
- ÖPNV: Bus 113, 114, Gymnasium Ettenheim, etwa 10 Gehminuten

Kaffee mit Charakter

8

Die Rösterei Kaffeesack in Achern

Tante Anna und Onkel Otto verwöhnen die Gäste mit vollmundigen Aromen – und dabei muss man in keinerlei verwandtschaftlicher Beziehung zu ihnen stehen, denn die beiden sind Kaffeesorten, genauso wie Miss Smilla, EmmaPresso oder El Capitano. Die Namen der Produkte sind ebenso liebevoll ausgewählt wie die Einrichtung der Acherner Rösterei. Früher befand sich hier eine Malzbierbrauerei, im Jahr 2019 zog schließlich die „Kaffeesack"-Manufaktur in drei Etagen des ehemaligen Brauturms ein. Ganz unten werden die Bohnen frisch geröstet. In der Mitte an der großen Theke sind Kaffeepackungen für zu Hause erhältlich. Außerdem steht hier die italienische Siebträgermaschine bereit, um frischen Espresso, Latte Macchiato oder Ristretto aufzubrühen. Dazu können Croissants, vegane Kuchen und andere Leckereien bestellt werden. Für deren Verkostung gibt es oben einen Cafébereich, in dem das historische Flair der Brauerei mit modernen Designermöbeln auf kreative Art kombiniert wurde. Mit „Prost, du Sack!" darf man hier gern die Tassen klirren lassen – das verrät Anna Huber, die zum Kaffeesack-Team gehört. Ihr Vater Volker gründete die Rösterei, als er selbst auf der Suche nach hochwertig und schonend hergestelltem Kaffee war.

TIPP

Regelmäßig organisiert die Rösterei verschiedene Veranstaltungen und Kurse rund um den Kaffee.

Zwischen 15 und 18 Minuten dauert hier eine Röstung und erst dann entfalten die Bohnen ihre feinen Geschmacksnuancen von Karamell, Mandel und Ahornsirup und werden außerdem bekömmlich. Regelmäßig werden die Kaffees von der Deutschen Röstergilde ausgezeichnet und immer wieder kommen neue Mischungen dazu. Mittlerweile finden sich die originell verpackten Sorten auch in verschiedenen Supermärkten der Region, wobei jeder Beutel in Achern seinen Ursprung hat und dort von Hand abgefüllt wurde. Wer Tante Anna und Onkel Otto also daheim besuchen möchte, der fährt direkt zur Rösterei und lässt sich verwöhnen. Wahlweise darf freilich auch die eigene Verwandtschaft mitkommen, denn gemeinsamer Kaffeegenuss verbindet ungemein.

● Kaffeesack, Fautenbacher Straße 14, 77885 Achern, Tel. (0 78 41) 6 64 98 61
www.kaffeesack.de
● ÖPNV: Bahnhof Achern, etwa 10 Gehminuten

Filterkaffee
Batch Brew 2,50/3,50
AeroPress 4,50
V60/Pour Over 4,50
Kakao & Co.
Kakaosack 3,60
Kakaosackspezial 4,60
Chailatte 3,60
Tee (diverse Sorten) 3,80
KAFFEE
SACK
Alle Getränke auch mit Hafermilch erhältlich (+0,30€)
Proviant Limo
Sacklimo
Mineralwasser
Apfelsaft/-schorle
Fränzle Bier
Glas Sekt
Coffee to go im Mehrwegbecher: −0,10€ // Im Einwegbecher: +0,20€
Hirsch 6
KAFFEE SACK

Einmal hoch hinaus

9 Das Baumhaus Dörfle in Seelbach

Bei den Asterix-Comics war es nur dem wenig talentierten Barden Troubadix vergönnt, in einem Baumhaus zu schlafen – vielleicht als Verbannungsort, um seine schiefen Klänge möglichst weit fernzuhalten. Wobei diese Art der Bestrafung wenig durchdacht war. So ein Leben in luftigen Höhen hat nämlich beflügelnde Wirkung. Das dürfen auch die Gäste des neuen „'s Baumhaus Dörfle“ in Seelbach erfahren. Erst im Frühling 2022 wurde diese Attraktion im traditionsreichen Ferienparadies Schwarzwälder Hof eröffnet. Ein wenig erinnern die zehn kreisförmig gruppierten Domizile an ein gallisches Dorf, wobei sich der Wohnkomfort als durchaus zukunftsweisend entpuppt. Der Sockel in Baumstammoptik verhüllt eine Wendeltreppe, die in den ersten Stock führt. Hier liegen eine gemütliche Wohnküche mit Sitzecke und Balkon sowie ein Badezimmer mit einer Dusche, die mit einem schicken Schwarzwald-Panorama verziert ist. Über eine zweite Treppe sind die beiden Schlafzimmer zu erreichen. Wie überall im Haus liegt ein angenehmer Holzgeruch in der Luft, denn die Häuser sind aus Massivholz gefertigt – hauptsächlich aus heimischer Weißtanne, die zugleich für ein angenehmes Raumklima sorgt. Und es gibt noch weitere Raffinessen: Photovoltaik-Anlagen auf den Dächern sichern die Stromversorgung, Infrarotwärmeplatten sorgen für wohlige Wärme und der Umwelt zuliebe fließt nachhaltiges Regenwasser durch die Toiletten.

TIPP
Während der Hauptferienzeit gibt es ein facettenreiches Ausflugsprogramm.

In der Mitte der Baumhäuser thront ein Versorgungs- und Aussichtsturm. Der bietet einen weiten Blick auf das Areal des Ferienparadieses Schwarzwälder Hof. Neben Campingstellplätzen, Hotelzimmern und Ferienwohnungen befinden sich dort auch ein Restaurant, ein Abenteuerspielplatz und ein großer Wellnessbereich – Letztere können natürlich auch von den Baumhaus-Gästen genutzt werden: erst in der Höhlensauna relaxen und später schlummern in luftiger Höhe. Auf so viele Freuden hätte Troubadix sicher gern ein Liedchen geträllert.

- Ferienparadies Schwarzwälder Hof, Tretenhofstraße 76, 77960 Seelbach, Tel. (0 78 23) 96 09 50, www.spacamping.de
- ÖPNV: Bus 106, Dautenstein/Seelbach, wenige Gehminuten

Eine Oase der Ruhe

10 Im Garten der Franziskanerinnen in Gengenbach

Obwohl der Garten nicht weit vom Bahnhof und der belebten Innenstadt Gengenbachs entfernt liegt, fühlt sich der Besuch an, als sei man hier ganz weit weg von allem, was den Alltag ausmacht. Kleine Wege führen durch die Beete. Die Schritte werden automatisch langsamer. Hier zwingt nichts zur Eile – im Gegenteil. Nur, wer dieses Fleckchen in Ruhe erkundet, kann seine Schönheit genießen. Stille ist hier ohnehin geboten. Der Garten dient auch den Klosterschwestern als Ort der Einkehr. Einzelne Gäste sind dennoch herzlich willkommen, bei Gruppenbesuchen wird dringend um Voranmeldung gebeten.
Die etwa einen Hektar große Gartenanlage der Franziskanerinnen im Kloster Gengenbach dürfte um 1905 entstanden sein. Sie fungierte anfänglich als reiner Nutzgarten. Später dann in den 1990er-Jahren, als der Orden kleiner wurde und die Selbstversorgung nicht mehr im Vordergrund stand, wurden immer mehr Sorten von Rosen und Chrysanthemen sowie Tausende Gladiolen-Zwiebeln angepflanzt. Die Entstehung dieser Blütenfülle ist der hingebungsvollen Arbeit einiger Schwestern zu verdanken, wobei sich heute vor allem professionelle Gärtner um das blühende Areal kümmern. Die Blumen werden als Schmuck in der Mutterhauskirche verwendet, ebenso wie auf dem Friedhof oder auch in Sträußchen auf den Zimmern – vor allem erfüllen die farbenfrohen Beete den wunderbaren Selbstzweck, die Pracht der Schöpfung zu feiern.

TIPP

Im Dezember verwandelt sich die Gartenanlage in einen lehrreichen Advents- und Weihnachtsweg.

Blumenpostkarten, Seifen mit Rosenduft sowie eine reiche Auswahl religiöser Geschenke und Kunstgegenstände entdecken Besucher auch im großzügigen Klosterladen, der gleich nebenan liegt. In dessen Räumen befindet sich sogar eine eigene Kerzenwerkstatt. Dort bemalen und verzieren die Schwestern hochwertige Kerzen für festliche Anlässe wie Erstkommunion, Hochzeiten, Taufen und Ehejubiläen. Auch jetzt sollte man sich genug Zeit zum Verweilen und zum Erkunden des facettenreichen Sortiments des Klosterladens nehmen. Die Hektik des Alltags darf noch ein bisschen draußen bleiben.

● Franziskanerinnen vom Göttlichen Herzen Jesu, Scheffelstraße 1, 77723 Gengenbach, Tel. (0 78 03) 80 77 66, www.franziskanerinnen-gengenbach.de
● ÖPNV: Bahnhof Gengenbach, wenige Gehminuten

Amazonas am Rhein

11 Das Naturschutzgebiet Taubergießen

Es ist eine skurrile Vorstellung, dass ausgerechnet die vornehme Marie-Antoinette einst durch diese Wildnis chauffiert wurde, um nach Versailles zu gelangen und ihrem späteren Gemahl zu begegnen: keinem Geringeren als dem König von Frankreich. Ihr späteres tragisches Schicksal ist hinlänglich bekannt. Vielleicht mag sie sich einst heimlich vom Hof weggewünscht haben, zurück in diesen urwüchsigen Landstrich, wo ihr statt menschlicher Nattern höchstens Blindschleichen und anderes harmloses Getier drohten.

Das Naturschutzgebiet Taubergießen umfasst knapp 17 Hektar und zeigt den alten wilden Rhein, der im deutlichen Gegensatz steht zu jenem durch viele Begradigungen und Dämme in ein festes Bett gezwängten Fluss, auf dem große Ausflugsschiffe gemächlich auf- und abschippern. In Taubergießen jedoch schlängeln sich weitverzweigte Wasserläufe durch einen verwunschenen Auenwald. Für zahlreiche bedrohte Tierarten bilden Bäume, Wiesen und Hochwasserdämme einen wertvollen Lebensraum. Eisvögel tummeln sich hier genauso wie Pirole, Kormorane, Halsbandeidechsen, Gelbbauchunken oder Edelfalter. Allein rund 40 Libellenarten flattern entlang der Wasseroberflächen. Sie können besonders gut bei einer Bootsfahrt bestaunt werden. Es gibt beispielsweise die Möglichkeit, geführte Touren auf einem traditionellen Stocherkahn zu buchen. Zu dem wunderbaren Naturerlebnis vermitteln die Bootsführer viel Wissenswertes über die Flora und auch darüber, dass diese urwüchsige Idylle unbedingt geschützt werden muss. Und dazu kann jeder Besucher beitragen. Vor allem jene, die das Naturschutzgebiet auf eigene Faust erkunden, wahlweise auf Wanderpfaden oder mit dem Kanu. Hier sollte man sich ausschließlich auf den vorgegebenen Wasser- und Landwegen bewegen. Einen Überblick über alle Stellen, die für Besucher freigegeben sind, bietet das Naturzentrum Rheinauen in Rust.

TIPP

Für Autofahrer gibt es nur bedingt Parkmöglichkeiten – beispielsweise beim ehemaligen Zollhaus in Kappel.

- Naturzentrum Rheinauen, Allmendweg 5, 77977 Rust, Tel. (0 78 22) 86 45 36 www.naturzentrum-rheinauen.de
- ÖPNV: Bus 7231, Europa-Park Rust, etwa 10 Gehminuten

Wo das Wohlfühlen wohnt

12

Die Land Scheune in Kehl-Marlen

Es gibt Läden, deren Adresse findet man selten einfach so im Vorbeigehen, denn sie liegen fern jeder belebten Fußgängerzone. Meistens flüstert eine Freundin den Tipp weiter: Da musst du unbedingt mal hingehen! Oder vielleicht wecken Fotos auf Facebook und Instagram die Neugierde – wie es oft im Fall von Tanja Hartmanns verstecktem Paradies geschieht. Der Weg dorthin führt ins beschauliche Marlen, einem Stadtteil von Kehl.

Im Jahr 2020 erwarben Tanja Hartmann und Jochen Lehmann eines der ältesten Häuser der Gemeinde, um es aufwendig zu renovieren und selbst zu beziehen. Im ehemaligen Hühner- und Kuhstall wurde ein besonderer Laden eingerichtet mit dem treffenden Namen „Land Scheune". In dem herrlich rustikalen Ambiente versammeln sich geschmackvoll ausgewählte Wohnaccessoires, die von skandinavischen und niederländischen Herstellern stammen. Fans vom Upcycling entdecken außerdem englische Kreidefarben, mit denen betagte Möbel im Nu einen frischen Anstrich bekommen. Naturmaterialien wie Holz, Leinen und Wolle komplettieren das Sortiment und verleihen ihm die richtige Portion Behaglichkeit. Genau darum geht es der Gastgeberin: Ihre Besucher sollen sich wohlfühlen und eine angenehme Zeit erleben. Deshalb finden in der Scheune auch regelmäßige Kreativ-Events statt. Dann räumt Tanja Hartmann die große Tafel im Laden frei und macht Platz für das gemeinsame Binden von Kränzen oder das Gestalten raffinierter wie unkomplizierter Tischdeko. Bei der gesellig-schöpferischen Auszeit genießen alle Kaffee und Kuchen und natürlich gute Gespräche. An warmen Tagen dürfen die Besucher auch draußen im Landgarten sitzen und an kühlen Tagen bietet das historische Backhaus ein gemütliches Plätzchen. Für Tanja Hartmann ist die Scheune ein Ort der Begegnung und der Bewegung: „Ich habe noch so viele Ideen, was man hier alles machen könnte", sagt sie lachend. Die Geschichte dieses Glücksorts hat gerade erst begonnen und wir dürfen gespannt sein, wie sie weitergeht.

TIPP

Unbedingt auch mal den Weihnachtsmarkt in der Land Scheune mit Glögg und schwedischen Plätzchen besuchen.

- Land Scheune, Kehlerstraße 19, 77694 Kehl-Marlen, Tel. (01 70) 4 71 42 13 www.land-scheune.de
- ÖPNV: Bus 106, 301, Marlen Ortsmitte/Kehl, wenige Gehminuten

Lässige Haute Cuisine

13 Das Restaurant [maki:'dan] in Durbach

Wer sich auf ein Abenteuer einlassen möchte, ist hier genau am richtigen Ort. Zwar geht es nicht um Höhenrausch oder Adrenalinkick, dafür um eine Expedition in die Welt des Genusses – und die ist mindestens ebenso spannend. „Chawanmushi: Furikake / marinierter Rettich / gegrilltes Lauchöl" steht hier beispielsweise auf der Karte. Was sich hinter diesem Gang verbirgt, darüber gibt das zuvorkommende Personal des Gourmet-Restaurants gern Auskunft. Natürlich kann man sich auch einfach überraschen und den Gaumen verwöhnen lassen. Jeder Gang ist bereits optisch ein Kunstwerk und wird gekrönt von einem aufregenden Zusammenspiel der Aromen. Küchenchef André Tienelt entwickelte das Konzept zusammen mit Ilka und Dominic Müller, dem Eigentümer-Ehepaar des Durbacher Wellnesshotels Ritter – denn in dessen traditionsreichen Mauern befindet sich das außergewöhnliche Restaurant.

Es war im Jahr 2019 ein durchaus mutiger Schritt, den vormaligen Genusstempel namens „Wilder Ritter" zu schließen und an dessen Stelle eine Neueröffnung zu wagen, die auf typisch badische Gerichte verzichtet. Konnte das gut gehen? Unbedingt! Allein schon, weil es hier viel ungezwungener zugeht als in üblichen Sternerestaurants. Darauf deutet auch der Name „[maki:'dan]" hin, der vom persischen „Mezze" abgeleitet ist und so viel bedeutet wie Leckeres in bester Gesellschaft. Da sich die Karte ständig ändert, findet die kulinarische Abenteuerreise nie ein Ende.

Wer von diesem Lokal gar nicht mehr weg möchte, bucht eines der stilvollen Zimmer des Hotels Ritter, das sich übrigens nicht nur kulinarisch ständig weiterentwickelt. Das selbsternannte „The Meaning Hotel" bietet auch die Möglichkeit, eine inspirierende Reise „ins Innere" zu wagen, beispielsweise mit Hilfe von Coaching-Terminen, Achtsamkeitskursen und vielem mehr. Es ist fast unmöglich, dieses Haus zu besuchen, ohne den eigenen Horizont zu erweitern und mit bereichernden Eindrücken beschenkt zu werden.

TIPP

Das [maki:'dan]-Küchenteam bietet regelmäßig kreative Kochkurse an – für junge Küchenhelden und Profi-Hobbyköche.

- Restaurant [maki:'dan] im Hotel Ritter, Tal 1, 77770 Durbach, Tel. (07 81) 9 32 30 www.ritter-durbach.de
- ÖPNV: Bus 7142, Rathaus Durbach, wenige Gehminuten

Wunderbare Gefährten

14 Unterwegs mit den Glück's-Alpakas in Zunsweier

Chanel, Lotta, Jim Kopf und die anderen Gesellen haben ihren ganz eigenen Kopf – darauf müssen sich die Teilnehmer der Alpaka-Wanderungen einstellen. Und genau darin liegt auch der Reiz dieses Abenteuers. Die erste Begegnung ist oft noch zögerlich. Jovana Hubbe empfiehlt, die Tiere in den ersten Minuten zunächst in Ruhe zu lassen und sie erst später zu streicheln, wenn sich Zwei- und Vierbeiner aneinander gewöhnt haben. Wenn die Tiere entspannt sind, ist manchmal ein Summen zu hören. Sanfte Mhhh-Laute, mit denen die Vierbeiner untereinander kommunizieren. Teilnehmer, die gerade noch eifrig geplaudert haben, werden automatisch ruhig und lauschen diesen besonderen Klängen. An Ende der etwa 1,5-stündigen Tour wird die Gruppe gemeinsam feststellen: Man fühlt sich viel entspannter als davor – dank Chanel, Lotta, Jim Knopf und den anderen Charakterköpfen.

TIPP

Alpaka-Pate werden und „sein" Tier regelmäßig bei Touren begleiten.

Ursprünglich hatten Jovana Hubbe und ihr Partner die Tiere vor allem als „Rasenmäher" gekauft, denn sie sollten zusammen mit der Schafsherde das Wachstum der Wiesen rund um den Familienhof bändigen. Da die sanftmütige Kamelart auf Menschen aber eine besondere Anziehung ausübt, entstand irgendwann die Idee mit den Alpaka-Wanderungen. Mittlerweile sind auch Junggesellinnenabschiede und Kindergeburtstage mit tierischer Begleitung möglich. Die Termine sind sehr begehrt, sodass eine frühzeitige Buchung erfolgen sollte – denn Jovana Hubbe möchte die Gutmütigkeit ihrer Herde nicht ausnutzen und bietet deshalb ganz bewusst nur eine begrenzte Anzahl an Touren an. Diese erfolgen übrigens das ganze Jahr hindurch und gerade im Herbst und Winter präsentieren sich die Vierbeiner noch fotogener als sie es ohnehin schon sind. Dann wächst das dicke Winterfell samt witziger Ponyfrisuren auf dem Kopf. Im Frühling erfolgt die Schur, wobei die hochwertige Wolle für eigene Produkte weiterverarbeitet wird – beispielsweise als Füllung für temperaturausgleichende Bettdecken: ideal fürs Träumen von summenden Alpakas.

- Glück's-Alpakas, Bellenwaldstraße 1A, 77656 Zunsweier/Offenburg, Tel. (01 76) 70 79 57 72, www.glücks-alpakas.de
- ÖPNV: Bus S8, Zunsweier Gewerbegebiet/Offenburg, wenige Gehminuten

Den Reben auf der Spur

15 Auf dem Ortenauer Weinpfad

Alle Winzer entlang der Strecke auf einmal zu besuchen, sollte man sich gar nicht erst vornehmen. Wein ist ja bekanntlich ein Genussmittel, das im richtigen Maß konsumiert werden möchte. Der über 100 Kilometer lange Ortenauer Weinpfad muss auch nicht in einer Marathon-Tour bezwungen werden – ganz im Gegenteil. Vielmehr lädt die wunderbare Strecke dazu ein, verschiedene Etappen auszuprobieren und nebenbei immer wieder neue Weingüter kennenzulernen. Der Weg ist das Ziel, lautet hier das Motto.

Streng genommen beginnt die Route nicht in der Ortenau, sondern im benachbarten Landkreis Rastatt und dem dort liegenden Städtchen Gernsbach. Von hier aus schlängelt sich der Weinpfad weiter über Baden-Baden, bis er auf der Höhe der Gemeinde Lauf mitten hinein in die Ortenau führt. Immer weiter Richtung Süden geleitet der Wanderweg entlang vieler schmucker Winzerorte wie Oberkirch, Durbach oder Gengenbach bis nach Hohberg-Diersburg. Mit Blick auf das Rheintal zu den Vogesen, auf die dunkelgrünen Schwarzwaldkuppen und allerlei Schlösser und Burgruinen erwandert man die paradiesische Weinregion, die mit besonders vielen hochkarätigen Tropfen aufwarten kann – kein anderes Anbaugebiet Deutschlands ist bei Prämierungen auf Bundesebene sowie im internationalen Vergleich so hoch dekoriert wie die Ortenau. Speziell die Rieslinge und Spätburgunder-Rotweine glänzen immer wieder auf den Siegertreppchen von allerlei Wettbewerben.

TIPP

Beim Waldulmer Rundweg ein „Winsäckle“ bestellen, mit Vesper und fünf feinen Tropfen.

Zusätzlich zum Ortenauer Weinpfad gibt es 14 Weinschleifen: Hier handelt es sich um Rundwanderwege mit dem gleichen Start- und Endpunkt. Sie variieren von 3 Kilometer Länge für den gemütlichen Spaziergang bis zu 15 Kilometer für sportlichere Touren. Dazu bietet das Team von Weinparadies Ortenau e.V. regelmäßig stimmungsvolle Events an wie kulinarische Weinwanderungen, Weinfeste wie den „Genussreigen“ und vieles mehr. Denn in guter Gesellschaft und im richtigen Ambiente schmeckt der aromatische Rebsaft gleich noch ein Schlückchen besser.

- Ortenauer Weinpfad, Startpunkt zum Beispiel beim Kirchplatz in Oberkirch, alle Strecken und Termine unter www.weinparadies-ortenau.de
- ÖPNV: Bahnhof Oberkirch, wenige Gehminuten

Kreative Auszeit

16 Im Keramikmalstudio Herzenston in Ohlsbach

Wer nur wenig Zeit für den Besuch in Beate Hubers Hinterhofidylle mitbringt, bewundert einfach die selbst gemachten Töpferunikate der Gastgeberin: zierliche Schalen für Pralinen oder Seifen, Blüten aus Keramik oder verspielt geformte Geschenkanhänger – alles fantasievoll in Szene gesetzt in einem hellen Raum mit Blick auf den Garten. Auch ein Café-Bereich gehört zum Ladenlokal. „Ich mag vor allem die kleinen Dinge“, sagt Beate Huber.

Ihre Freude am kreativen Gestalten gibt sie auch gern an ihre Kunden weiter. Dafür sollten die Besucher allerdings etwas mehr Zeit einplanen, denn in einem zweiten Raum befindet sich das „Herzenston“-Malstudio. Hier lagern allerlei Keramik-Rohlinge, die nur darauf warten, endlich ein buntes Dekor zu bekommen. Zunächst wählen die Gäste eine Tasse, eine Schüssel, einen Teller oder ein anderes Stück aus. Danach stehen Dutzende verschiedene Farben bereit. Nach der ersten Lasur, die dem weißen Rohling einen neuen Grundton verleiht, darf man sich an filigrane Muster wagen. Wer schon etwas geübter ist, malt Tupfen, Streifen oder Schriftzüge frei mit dem Pinsel. Für alle anderen hat Beate Huber einen riesigen Fundus an Schablonen, die alle erdenklichen Motive umfassen: von der Silhouette eines Rehs bis zur detailreichen Rosenblüte. Tipps zur korrekten Handhabung liefert die Gastgeberin gratis dazu, sodass jeder Besucher am Ende zufrieden sein darf mit seinem gelungenen Unikat.

TIPP

Regelmäßig finden im Malstudio auch Workshops passend zur Jahreszeit statt.

Mal sind es Einzelpersonen, die sich im Malstudio an ein neues Projekt wagen, und mal kommen Gruppen: Omas mit ihren Enkelkindern, Geburtstagsgesellschaften oder zukünftige Bräute samt ihrer Junggesellinnenabschiedsrunde. „Keramik soll im besten Fall eine Geschichte erzählen“, wünscht sich Beate Huber. Erinnert später die handbemalte Tasse oder der Teller an die glücklich verbrachte Auszeit im Malstudio, dann ist genau dieses Ziel erfüllt.

- Herzenston, Sonnenhalde 1a, 77797 Ohlsbach, Tel. (0 78 03) 98 09 20 www.herzenston.de
- ÖPNV: Bus 7134, 7160, Sparkasse bzw. Schwarzwaldstraße Ohlsbach, wenige Gehminuten

Herzenston
Foundations

Sagenhaftes Gewässer

17 Der Mummelsee an der Schwarzwaldhochstraße

Man könnte diese Attraktion als „Loch Ness der Ortenau" bezeichnen. Während der schottische See für ein drachenähnliches Ungeheuer bekannt ist, bewohnen das 3,7 Hektar große Gewässer im Schwarzwald weitaus lieblichere Gestalten: Scheue Nixen – auch „Mümmlein" genannt – sollen der Sage nach in den Tiefen verweilen, was schon seit Jahrhunderten verschiedene Künstler wie Hans Jakob Christoffel von Grimmelshausen (siehe Glücksort 28) oder Eduard Mörike zu schwärmerischen Texten veranlasste. Erfreulicherweise muss sich niemand nachts auf die Lauer legen, um eines der geheimnisvollen Wesen zu erspähen. Dank einer am Ufer platzierten Meerjungfrauenskulptur darf jeder mühelos ein Selfie mit Mümmlein nach Hause nehmen – und dazu noch die Eindrücke eines äußerst idyllischen Ortes.

TIPP

Im Hotel Mummelsee einquartieren und die nächtliche Stille am See genießen.

Während der See einst abgeschieden mitten im Wald lag, ist er heute bequem über die Schwarzwaldhochstraße zu erreichen und zählt deshalb zu den beliebtesten Ausflugszielen der Region. Wer das Fleckchen in Ruhe genießen möchte, sollte außerhalb der klassischen Urlaubssaison vorbeikommen, beispielsweise im Herbst, wenn sich mystische Nebel über das Gewässer senken. Doch selbst an jenen Sommertagen, an denen viele Busse und Autos am Südufer des Sees parken, finden sich meist ruhige Plätze. Dank des gut befestigten Rundwegs verteilen sich die Gäste entlang des Mummelsee-Ufers.

Neben dem Blick auf das Wasser sind auch die Skulpturen entlang des Kunstwegs eine nähere Betrachtung wert. Werke wie „Waldengel" und „Grün in Grün" verschmelzen regelrecht mit der Landschaft und animieren dazu, der Natur genügend Aufmerksamkeit zu schenken. Familien mit Kindern tummeln sich gern rund um den Abenteuerspielplatz oder mieten in der Hochsaison ein Tretboot – vielleicht, um im Wasser doch noch ein echtes Mümmlein vorbeihuschen zu sehen.

- Mummelsee, Schwarzwaldhochstraße 11, 77889 Seebach, www.mummelsee.de
- ÖPNV: Bus 400, 423, Nationalpark Mummelsee/Seebach

Haus der Demokratie

18 Erlebnis- und Erinnerungsort Salmen in Offenburg

Plötzlich scheint die Vergangenheit von 1847 wieder ganz nahe zu sein. Riesige Projektionen an den Wänden entführen die Besucher zurück in jene Tage, als die legendären „13 Forderungen des Volkes in Baden" im Salmen verkündet wurden. Vorausgegangen war eine Epoche der Rückwärtsgewandtheit und der Unterdrückung bürgerlicher Rechte. Sie regte Widerstand an und so trafen sich mutige Vordenker im Offenburger Salmen-Saal und formulierten ihre wegweisenden Forderungen wie etwa jene nach Pressefreiheit oder nach Bildung für alle. Heute selbstverständlich in unserem Grundgesetz verankert, damals eine Revolution. Eine 270-Grad-Multimediaschau lässt diese Geschichte auf eindrucksvolle Weise wieder lebendig werden und sorgt sogar für einige Gänsehautmomente. Vor allem auch dann, wenn die Filmsequenzen die Zeit des Zweiten Weltkriegs streifen, in der die Offenburger Juden aus dem Salmen vertrieben wurden. Auch diese dunkle Ära gehört zur Geschichte dieses Hauses.

TIPP

An einer der regelmäßig stattfindenden Führungen teilnehmen – manche umfassen auch eine Stadtbesichtigung.

Die 2022 eröffnete interaktive Erlebnis- und Erinnerungsstätte ermöglicht eine kritische Auseinandersetzung mit der Vergangenheit und behält dabei stets die Gegenwart sowie die Zukunft im Blick – und genau darin liegt der Reiz dieses inspirierenden Ortes. Sehr originell ist beispielsweise der „sprechende Tisch" auf der Empore. Mit Projektionen und einer Soundinstallation deckt sich eine leere Tafel wie von selbst. Plötzlich sitzt hier eine virtuelle Familie, die lebhaft über aktuelle Themen wie Generationengerechtigkeit, Umweltschutz und Diskriminierung im Alltag debattiert. Auch jeder einzelne Besucher wird im Salmen dazu angeregt, seine eigene Meinung zu äußern. Ein „Demokratiespiel" zieht sich wie ein roter Faden durch die Ausstellungsräume und animiert immer wieder dazu, Stellung zu beziehen. Etwa auf die Frage: Was bedeutet Freiheit in der heutigen Zeit? Beim Beantworten helfen liebevoll gestaltete „Denkzettel", die gern als Erinnerung mit nach Hause genommen werden dürfen.

● Der Salmen, Lange Straße 52, 77652 Offenburg, Tel. (07 81) 82 27 01
www.der-salmen.de

● ÖPNV: Bus R2, S2, S6, 7141, Rathaus/Zentrum Offenburg, wenige Gehminuten

„Ich setze mich in verschiedenen Hilfsorganisationen und auch in meinem Beruf für Kinder ein. Wir müssen alles dafür tun, ihnen eine friedliche Welt zu hinterlassen, in der sie chancengleich und ohne Leid aufwachsen können."
Lukas Staier alias Cossu
DEMOKRATIE
ERLEBEN
ERINNERN

Päckchenweise Gartenlust

19 Die Kräutermanufaktur in Schwanau-Ottenheim

„Bleib stark", „Spür die Sonne" oder „Scharfer Sommer" heißen die Mischungen, die es hier zu probieren gibt. Aus was sie bestehen, erleben die Besucher der Kräutermanufaktur in Schwanau-Ottenheim. Es handelt sich hierbei nicht um einen klassischen Laden, denn ein Großteil des Raums dient der Lagerung und Mischung neuer Gewürze. Alles entsteht in Handarbeit und der Gast darf live dabei zusehen, wie aus getrockneten Ringelblumenblüten, Zitronenbasilikum, Lavendel, Salbei, Kamille und vielen anderen Pflanzen allerlei Tees, Kräutersalze und weitere Köstlichkeiten hergestellt werden. Übrigens finden das Mischen und Abfüllen meistens vormittags statt, weshalb der Besuch im Manufaktur-Laden genau dann besonders erlebnisreich ist – allein der in der Luft liegende Duft ist ein herrlich sinnliches Erlebnis.

TIPP

Beim „Tag der offenen Gartentüre" einzelne Gärten der Kräuterfachfrauen begutachten.

Rund 30 Kräuterfachfrauen, verteilt in ganz Baden-Württemberg, liefern die Zutaten für die aromatischen Produkte. Angebaut wird jeweils in den heimischen Höfen und Gärten, und zwar unter konsequentem Verzicht auf schädigende Pestizide oder chemische Düngemittel. Auch die Ernte erfolgt nach genauen Angaben. Durch das Zupfen von Ganzblattware – also ganzen Blüten und Blättern – bleiben besonders viele Wirk- und Heilstoffe in den Pflanzen erhalten. Getrocknet und abgefüllt in großen Papiersäcken landen die Zutaten später in der „Zentrale" in Schwanau-Ottenheim, die sich auf dem Bauernhof der Familie Reitter befindet. Nur ein paar Meter von der Manufaktur entfernt, gedeihen die weitläufigen Kräuterfelder von Gastgeberin Elke Lichtblau-Reitter. Sie war eine der Initiatorinnen für das Gemeinschaftsprojekt „Die Kräutermanufaktur", welches vor etwa zehn Jahren vom gemeinnützigen Verein Kräuterland Baden-Württemberg e.V. ins Leben gerufen wurde. Mittlerweile beliefern die Kräuterfachfrauen dutzende Geschäfte und dazu gibt es einen eigenen Onlineshop. Wobei Letzterer den duftigen Besuch im Manufaktur-Laden selbstverständlich nicht ersetzen kann.

- Die Kräutermanufaktur, Unterdorfstraße 13, 77963 Schwanau-Ottenheim, Tel. (0 78 24) 7 03 99 60, www.kraeuterland-bw.de
- ÖPNV: Bus 106, Ottenheim Hirsch/Schwanau, wenige Gehminuten

DIE KRÄUTER MANUFAKTUR
Atme durch
Minzig erfrischende Kräuterteemischung
20 g
DIE KRÄUTER MANUFAKTUR
DIE KRÄUTER MANUFAKTUR
Bleib stark
Die Kräuterteemischung mit der die Abwehr steht
20 g
DIE KRÄUTER MANUFAKTUR
Da blüht dir was

Ein herrlicher Saustall!

20 Der Ramsteinerhof in Fischerbach

Komplett ausgezogen sind die Ferkel dann doch nicht aus dieser Ferienwohnung. Hinter dem Fernseher, welchen urige Fensterläden verstecken, zeigen sich zwei vorwitzige Schweine – allerdings solche der vollkommen stubenreinen Sorte, denn die Tiere sind nur auf eine Leinwand gemalt. Trotzdem erinnern die Vierbeiner auf charmante Art an früher, als an diesem Plätzchen noch ein Schweinestall stand. Doch 2001 musste die alte Scheune zugunsten eines gemütlichen Ferienhauses im Maisonette-Stil weichen. Hier darf es sich der Gast auf Boxspringbetten bequem machen und später vielleicht auf der eigenen Wellness-Terrasse mit Sauna und Hot Tub herumlümmeln. Im warmen Wasser liegen mit Blick auf den Schwarzwälder Sternenhimmel – es gibt unangenehmere Arten, seine Zeit zu vertreiben.

TIPP
Die Gastgeber führen auch die Markt-Scheune in Berghaupten – siehe Glücksort 55.

Humorvollerweise nennen Brigitte und Ulrich Müller die Ferienwohnung weiterhin „Saustall“, auch wenn sie genau das Gegenteil davon ist. Auf dem Bergbauernhof in Fischerbach befinden sich außerdem noch drei weitere Ferienappartements. Der „Speicher“ stammt ursprünglich aus dem Jahr 1608. Für seine umsichtige Renovierung wurden die Gastgeber sogar mit einem Denkmalschutzpreis ausgezeichnet. Neben den liebevoll ausgestatteten Feriendomizilen verwöhnt das Ehepaar Müller seine Besucher auch mit selbst gebackenem Holzofenbrot aus der hofeigenen Backstube. Die Gastgeber wohnen auf dem Ramsteinerhof und führen hier ihren Landwirtschaftsbetrieb. Deshalb tummeln sich rund um das idyllisch auf 530 Meter Höhe gelegene Grundstück auch Rinder und weitere Vierbeiner. Die Urlaubsgäste leben also mitten im Hofalltag und wenn sie möchten, dürfen sie beim Schnapsbrennen und Brotbacken über die Schultern schauen. Oder sie erkunden den Schwarzwald – im Sommer mit Wander- und im Winter mit Schneeschuhen. Manche Gäste genießen einfach das wohlige Ambiente der Ferienhäuser und nehmen sich Zeit für ein ausgedehntes Frühstück. Ein Leben im Saustall darf schließlich ungezwungen sein.

Ramsteinerhof, Hintertal 21, 77716 Fischerbach, Tel. (0 78 32) 23 90
www.mueller-fischerbach.de

Von Turm zu Turm

21 Der SenaTorre in Fessenbach

Dieses Bauwerk sorgt im ersten Moment vielleicht für Irritation. Plötzlich steht da ein gotisch anmutender Turm wie ein fremdartiges Ausrufezeichen mitten in der Reblandschaft. Die Architektur erinnert an eine Kathedrale, aber da diese Sehenswürdigkeit gerade einmal rund 14 Meter hoch ist und kein Kirchenschiff umfasst, ist es eben „nur" ein Turm. Er ist nicht zum Besteigen gedacht, aber das ist auch nicht nötig, denn seine Lage oberhalb der Gemeinde Fessenbach bietet ohnehin einen fantastischen Blick hinüber nach Straßburg. Ganz in der Ferne zur rechten Seite zeigt sich dort die Silhouette des Straßburger Münsters. Etwas näher und zur linken Hand ist das Offenburger Burda-Hochhaus zu sehen. Alle drei Gebäude sind untrennbar miteinander verbunden. Zeitschriften-Verleger Hubert Burda ließ den Fessenbacher Turm im Jahr 2020 zu Ehren seines Vaters Senator Franz Burda errichten. So entstand der Name „SenaTorre" als Wortspiel aus „Senator" und „Torre", dem italienischen Begriff für Turm.

Von dem Mailänder Stararchitekten Roberto Peregalli wurde das außergewöhnliche Bauwerk aus Sandstein entworfen, und zwar genau an jenem Ort, an dem Senator Burda gern seinen Blick hinüber nach Straßburg schweifen ließ. In der elsässischen Metropole führte Johannes Gutenberg im 15. Jahrhundert den modernen Buchdruck ein und beförderte in Europa eine einzigartige Wissensexplosion – ohne die es bis heute keine Bücher und natürlich auch keine Burda-Zeitschriften gäbe. Außerdem lebte dort drüben in Straßburg zeitweise Johann Wolfgang von Goethe, der einst durch das tapfere Besteigen des Straßburger Münsters seine Höhenangst überwand. Dieser Mutprobe müsste sich der Dichterfürst beim SenaTorre nicht stellen. Stattdessen dürfte er die üppige und duftende Blütenfülle unterhalb des Turms genießen. Hier befindet sich ein mediterran angelegter Flanierweg, der zum entspannten Verweilen anregt und womöglich sogar zur Poesie.

TIPP

Rund 10 Gehminuten vom Turm entfernt liegt der ebenfalls sehenswerte Felix-Burda-Park.

- SenaTorre, Im Vogelsang 14, 77654 Offenburg, www.offenburg-fessenbach.de
- ÖPNV: Bus S9, Fessenbach Linde/Offenburg, etwa 15 Gehminuten

Auf nach Skandinavien!

22 Der Laden Augenweide in Altenheim

Wer Schweden liebt, aber keine Zeit für einen Kurztrip nach Stockholm hat, muss auf das skandinavische Hygge-Gefühl keineswegs verzichten. In der Gemeinde Altenheim liegt eine kleine bunte Oase, die eine ideale Anlaufstelle für alle Fans des nordischen Lifestyles ist. Der Laden Augenweide erstreckt sich über zwei Räume und ist so reich gefüllt mit originellen Wohnaccessoires, Geschenkartikeln sowie Mode für Erwachsene und Kinder, dass der Besuch sich meistens länger hinzieht als geplant. Was gewiss auch an der herzlichen Art von Gastgeberin Petra Wochnig liegt – bei den Kunden auch als „Frau Augenweide" bekannt. Für sie ist es selbst noch immer ein kleines Wunder, wie sich ihr Laden im Laufe der Zeit entwickelt hat.

Begonnen hatte alles an der Nähmaschine. Petra Wochnig besaß schon immer ein Faible für hochwertige Stoffe und nähte für ihre Töchter individuelle Mode, die sich in ihrer detailreichen Ausführung vom Angebot der Kaufhäuser unterschied. Das fiel auch Freunden und Bekannten auf, die bald ebenfalls Petras handgenähte Mode für Kids besitzen wollten. So eröffnete die zweifache Mama im Jahr 2010 einen eigenen Laden in einem ehemaligen Agrarlager, wo früher Dünger und Hühnerfutter verstaut wurden – was sich die Gäste heute kaum vorstellen können, wenn sie durch die inspirierende Wohlfühlwelt schlendern. Das Nähen von Kinderkleidern überlässt Petra Wochnig mittlerweile den Profis und sucht auf Messen ausgefallene Modemarken. Auch bei der Kleidung für Erwachsene sowie ihren Wohnaccessoires ist sie stets auf der Suche nach neuen Entdeckungen. Am liebsten wählt sie skandinavische Hersteller aus, die es so wunderbar verstehen, alltägliche Gebrauchsgegenstände in einen Blickfang zu verwandeln. Gäste, die von weiter her anreisen, um Frau Augenweide zu besuchen, können in unmittelbarer Nähe in die beiden liebevoll geführten Lokale Lisa's Tortenglück oder Café Lager einkehren. So ein Kurzbesuch in Skandinavien verdient eine Stärkung mit gemütlichem Flair.

TIPP
Regelmäßig veranstaltet Petra Wochnig auch abendliche Events wie ihre „Ladies Night".

- Augenweide, Kirchstraße 16, 77743 Neuried, Tel. (0 78 07) 95 84 18 www.facebook.com/Augenweide.Altenheim/
- ÖPNV: Bus R2, 106 Haltestelle Altenheim Kirchstraße/Neuried, wenige Gehminuten

DRIN
home

Von der Natur inspiriert

23 Das Schmuckatelier Frank in Rheinau-Freistett

Für Barbara und Stephan Frank sind die badischen Rebpflanzen Gold wert – und zwar im wahrsten Sinne des Wortes. Neben den Reben inspirieren auch Mohnblumen, Buchen- oder Eichenblätter zu Ringen, Ketten, Armreifen und vielem mehr. Wobei die Vorlagen meist verfremdet und erst auf den zweiten Blick zu erkennen sind, was den Stücken einen zusätzlichen Reiz verleiht. „Wir sind große Naturfreunde und das spiegelt auch ein Teil unserer Kollektion wider, die der Schönheit der Pflanzenwelt gewidmet ist", erklärt das Goldschmiede-Ehepaar. Auch heimische Steine wie wassergeschliffene Rheinkiesel oder Sandstein aus dem Schwarzwald prägen ihre Entwürfe, ebenso wie Apfel- oder Kirschbaumhölzer, die Barbara und Stephan Frank bei Streifzügen durch die Natur der Ortenau entdecken.

In einem historischen Fachwerkhaus in Rheinau-Freistett haben sie seit 2016 ihr Atelier eingerichtet. Hier empfangen sie ihre Kunden, die sich wahlweise eines der fertigen Werkstücke aussuchen oder eine individuelle Kreation in Auftrag geben. Die beiden erfahrenen Schmuckdesigner fertigen dann zunächst Zeichnungen an, später entstehen für die Naturformen Wachsmodelle, die in Edelmetallen gegossen und nach Wunsch mit Steinen versehen werden – ein aufwendiger Prozess. Die Franks erklären: „Jedes unserer Schmuckstücke ist individuell entworfen und jedes einzelne Detail daran fertigen wir liebevoll von Hand." Auch Brautpaare kommen bei ihnen auf der Suche nach einzigartigen Hochzeitsringen vorbei – beispielsweise mit Edelsteinen aus einer bestimmten Herzensregion. Und manche Kunden bringen sogar einen Zweig mit markanter Form oder Rindenstruktur von einem Baum des eigenen Grundstücks mit, der als Anregung für die zukünftigen Eheringe dienen soll: ein Stück Heimat kreativ verarbeitet zu einem Symbol für lebenslange Verbundenheit. Wenn das keine gute Ausgangslage für eine besondere Liebesgeschichte ist!

TIPP

Regelmäßig bietet das Ehepaar Frank auch Seminare an wie zum Beispiel Trauringschmiedekurse.

● Atelier Frank, Mühlenstraße 26, 77866 Rheinau-Freistett, Tel. (0 78 44) 9 18 14 87
www.atelier-frank.com (Besuch nur nach Voranmeldung)

Heimat aus der Flasche

24

Die Wild Brennerei in Gengenbach

Wie schmeckt die Ortenau? Diese Frage lässt sich womöglich am besten bei einem Besuch bei der Brennerei von Familie Wild beantworten. Die Adresse führt mitten ins Grüne und das aus gutem Grund: Obstbaumwiesen umsäumen den stilvollen Verkaufsraum. Die umliegende Natur liefert die Zutaten für die Herstellung aromatischer Drinks. Sogar das Wasser stammt aus einer Schwarzwaldquelle in unmittelbarer Nähe. Wie also schmeckt die Ortenau? Vielleicht nach Sauerkirschen, nach Walnüssen oder nach Wildpflaumen, die in Baden als Zibärtle bekannt sind. Schon seit 1855 widmet sich Familie Wild der Herstellung von Obstbränden. Besonders seit die drei Brüder Manuel, Max und Lukas in den Betrieb eingestiegen sind, entwickeln sich die stilvoll designten Flaschen auch beim jungen Publikum zum Kult-Getränk – trotzdem oder gerade deshalb hält die Familie Wild am alten Brennereihandwerk fest und setzt weiterhin auf Klasse statt Masse.

Die Produkte werden regelmäßig ausgezeichnet, seit einiger Zeit gehört auch ein Weingut zum Unternehmen, das sich ebenfalls schon mit internationalen Preisen schmücken darf. Besucher können jederzeit nach Kostproben der verschiedenen Produkte fragen – alternativ werden auch spezielle Tastings angeboten, zu denen jeweils auch eine Führung durch die Brennerei gehört. Danach nehmen die Gäste an der großen Tafel Platz und lernen schlückchenweise die Welt der Edelbrände, Liköre oder der hauseigenen Whiskey-, Gin- oder Rum-Spezialitäten kennen. Wen es lieber raus in die Natur zieht, bucht ein Aktiv-Tasting. Hier findet die Verkostung direkt in der Streuobstwiese statt, wo 120 verschiedene Obstbäume und Sträucher gedeihen – den Williams-Brand schlürfen die Teilnehmer dann im Schatten der Birnbäume und bei der Holder-Verkostung rauscht ein Wind durch die Holundersträucher. Am Ende bleibt der Eindruck vieler facettenreicher Aromen – genau so schmeckt eben die Ortenau. Da Familie Wild ohnehin ständig an neuen Produkten feilt, nimmt die Geschmacksreise so bald kein Ende.

TIPP

Im Sommer gibt es das hauseigene Weinfest auf der Obstbaumwiese mit Livemusik und Foodtrucks.

- Wild Schnapsbrennerei & Weingut, Streuobstgarten 1, 77723 Gengenbach, Tel. (0 78 03) 55 55, www.wild-brennerei.de
- ÖPNV: Bus 7160, BusZimB2, Strohbach/Gengenbach, wenige Gehminuten

WILD

Freizeitspaß deluxe

25 Der Europa-Park in Rust

Hier trifft Nervenkitzel auf Märchenhaftes, Showzauber auf Genusswelten und Island grenzt an Portugal, wobei Skandinavien auch gleich ums Eck liegt – keine Frage: Im Europa-Park in Rust kann der Besucher an einem Tag so viel erleben wie kaum an einem zweiten Ort. Erst eine hochkarätige Show im Globe Theatre bestaunen, dann bei der Fahrt mit dem Silver Star eine der schnellsten Achterbahnen Europas testen und schließlich im Voletarium die faszinierende Verbindung von Kino und Fliegen ausprobieren. Und diese drei Attraktionen sind nur ein Bruchteil dessen, was es in dem mehrfach als „besten Freizeitpark der Welt" gekürten Ausflugsziel zu erleben gibt.

Vom HighTech-Karussell bis zum Gullydeckel ist hier jedes Element mit Liebe geplant. Allein rund 60 Gärtner kümmern sich um die Bepflanzung des etwa 95 Hektar großen Areals, sodass der künstlichen Freizeitparkwelt stets eine blühende Idylle entgegengesetzt wird. Besonders im Garten rund ums Schloss Balthasar lässt es sich herrlich flanieren. Hier befindet sich auch das Herzstück des Parks, den die Familie Mack im Jahr 1975 eröffnete. Die Anlage sollte zunächst als Ausstellungsfläche dienen, um die eigenen Karusselle der Marke „Mack Rides" zu präsentieren und zugleich ein bisschen amerikanisches Disneyland-Flair nach Deutschland zu holen. Anfangs gab es noch einen Minigolfplatz und einen Streichelzoo, doch von Jahr zu Jahr wuchs die Vielfalt an Attraktionen. Altes wurde durch Neues ersetzt und die nach Ländern gestalteten Themenbereiche breiteten sich aus. Dazu kamen Hotelanlagen, Restaurants, aufwendige Shows und die Idee, den Park im Herbst in eine Halloween-Gruselwelt zu verwandeln. Zur Weihnachtszeit wiederum zeigt sich die Anlage als funkelnder Glitzerzauber samt Eislaufbahn und Kinderskischule. Ob der Glühwein in der Schweiz oder in Griechenland getrunken wird, darf jeder Gast selbst entscheiden. Weit sind die Wege nicht, aber meistens kommt man nicht gleich ans Ziel, denn zwischendurch locken zu viele Attraktionen.

TIPP

Übernachtungsgäste der hauseigenen Hotels dürfen früher in den Park und sparen sich Warteschlangen.

● Europa-Park, Europa-Park-Straße 2, 77977 Rust, Tel. (0 78 22) 77 66 88
www.europapark.de
● ÖPNV: Bus 7231, Europa-Park Rust

1
2
3

Himmlische Verlockungen

26

Einkehren im Mühlenglück in Oppenau

Früher plätscherte hier eine Wassermühle, die auch als „Hoferle´s Mühle" bekannt war. Heute befindet sich an diesem Ort ein Café und Restaurant mit angeschlossenem Hotel, das treffenderweise den Namen „Mühlenglück" trägt, denn seinen idyllischen Charme hat sich das Anwesen noch immer bewahrt. Es gibt einen großen Biergarten mit Spielplatz samt wunderbarem Blick auf das Renchtal. Manchmal sind Gleitschirmflieger am Himmel zu sehen, denn die Gemeinde Oppenau ist ein begehrter Treffpunkt für alle Gleitschirmfans. Nach der Landung kehren diese nicht selten im Mühlenglück ein – vielleicht auch, weil ein himmlisch schönes Türkisblau die vorherrschende Farbe dieses Gasthauses ist. Die Innenräume und die 15 Hotelzimmer prägt ein skandinavischer Wohnstil mit hellem, lichtdurchflutetem Flair. „Herzliche Gastfreundschaft trifft auf nordischen Style" – so lautet hier das Motto.

TIPP

Zusammen mit Freunden und Familie das Sonntagsfrühstück mit großem Buffett buchen.

Sehr beliebt bei den Kunden sind die hausgemachten Kuchen und Torten, die nicht umsonst „Glücksbringer" getauft wurden. Das Angebot reicht von der klassischen Schwarzwälder Kirschtorte bis zur frischen Pfirsich-Mascarpone-Torte. Auch Veganer finden süßes Backwerk passend zum Latte Macchiato mit Sojamilch. Wer es herzhafter mag, bestellt Burger, Süßkartoffelpommes oder variantenreiche Flammkuchen. Letztere zeichnet ein aromatisch gewürzter Schmand sowie ein besonders üppiger Belag aus, sodass es keine trockenen Ränder gibt. Auf diese Weise gestärkt, wählen nun manche einen der vielen Wanderwege, die das Renchtal zu bieten hat – beispielsweise zu einer Tour zu den Allerheiligen-Wasserfällen (siehe Glücksort 47). Andere machen es sich im Biergarten gemütlich und beobachten die Gleitschirmflieger am Himmel. Schön muss es sein, dort hoch oben in der Luft. Aber unten im Mühlenglück lässt es sich auch ziemlich gut aushalten.

- Hotel, Café & Restaurant Mühlenglück, Schwarzwaldstraße 16, 77728 Oppenau, Tel. (0 78 04) 9 13 97 22, www.muehlenglueck.de
- ÖPNV: Bus 7137, Haltestelle Ronecker/Oppenau-Ibach, wenige Gehminuten

MÜHLEN

Ein mystisches Fleckchen

27 Waldbaden rund um die Heidenkirche beim Löcherberg

Die Ortenau bietet unzählige Möglichkeiten für erholsame Waldspaziergänge – doch unter all den Optionen verstecken sich ein paar ganz besondere Highlights. Einen Geheimtipp empfiehlt die zertifizierte Waldbaden-Kursleiterin Silvia Goics: „Die Heidenkirche hat für mich eine sehr besondere Aura. Dort gibt es dicke, herrliche Bäume mit magischen, moosüberwucherten Wurzeln und fantastisch aufgetürmte Felsen, umgeben von geheimnisvollen Höhlen." Erreichen lässt sich dieses verborgene Areal beispielsweise vom Wanderparkplatz Löcherberg aus, der zwischen Bad Peterstal-Griesbach und Oberharmersbach liegt. Von hier aus geht es zu Fuß einen rund 2 Kilometer langen Wanderpfad entlang, der ausgeschildert und gut befestigt ist.

Unterwegs schlägt Silvia Goics unkomplizierte Waldbaden-Übungen vor, die man auch alleine jederzeit wiederholen kann: Einfach mal die Augen schließen und auf den Wind und das Vogelgezwitscher lauschen oder ganz bewusst die Waldluft einatmen. Japanische Wissenschaftler fanden heraus, dass sich bereits ein kurzes Waldbad positiv auf Atmung, Puls und Blutdruck auswirkt. Als idealer Ort für eine Meditation im Grünen erweist sich dann der Zielpunkt: die Heidenkirche. Hierbei handelt es sich nicht um ein von Menschen gemachtes sakrales Gebäude, sondern um ein imposantes Sandstein-Felsenmeer – ob dieser Ort einst tatsächlich für heidnische Bräuche genutzt wurde, ist nicht sicher belegt. Auf jeden Fall lädt dieses mystische Fleckchen dazu ein, die Naturkulisse in aller Ruhe zu bestaunen. Wer möchte, sucht sich einen Baum zum Anlehnen. „Umarmen ist natürlich auch erlaubt, aber kein Muss. Beim Waldbaden macht jeder nur das, was sich gut anfühlt", sagt Silvia Goics und verrät zuletzt noch ein Geheimnis: „Einer Sage nach soll hier ein Schatz vergraben liegen, der von einem magischen Hund bewacht wird." Womöglich liegt dieser Schatz gar nicht in märchenhafter Ferne: Es könnte sich hierbei schlicht um die Erholung handeln, die dieser Kraftort allen achtsamen Gästen schenkt.

TIPP

Von der Passhöhe Löcherbergwasen aus führen auch verschiedene Mountainbike-Touren an der Heidenkirche vorbei.

● Heidenkirche, erreichbar zum Beispiel vom Wanderparkplatz Löcherberg
www.schwarzwald-tourismus.info, www.waldbadenmitsilvi.com

Ehre für den Schelm

28 Das Simplicissimus-Haus in Renchen

„Es hat mir so wollen behagen, mit Lachen die Wahrheit sagen" – mit diesen Worten outete sich Hans Jakob Christoffel von Grimmelshausen als Satiriker seiner Zeit. Mit Humor ein tiefgründiges Thema zu behandeln, war sein Spezialgebiet. Würde er heute leben, hätte er vielleicht ein eigenes Comedy-TV-Format wie Oliver Welkes „heute-show", aber Grimmelshausen wurde im Jahr 1622 geboren und deshalb war sein Wirkungsfeld literarischer Natur. Aufgewachsen im hessischen Gelnhausen, zog er später nach Renchen, wo er von 1667 bis zu seinem Tod 1676 als Schultheiß tätig war. In dieser Zeit entstand sein bedeutendstes Werk „Der Abentheuerliche Simplicissimus Teusch": ein Schelmenroman, dessen Protagonist zugleich als Namensgeber für das Literaturmuseum in Renchen fungiert.

TIPP

Der 28 Kilometer lange Grimmelshausen-Rundweg führt auf die Spuren des großen Schriftstellers.

Nicht zufällig wurde als Standort für diese Kulturadresse ein denkmalgeschütztes Objekt ausgewählt, dessen verwinkelte Architektur einen Eindruck vom Leben im Mittelalter vermittelt. Ein genauerer Blick auf die Grundmauern des Kellers verrät, mit welch sparsamen Mitteln damals gebaut werden musste: Flusssteine stapeln sich auf behauenen Granitsteinen. Als Baumaterial diente alles, was in die Hände fiel. Das besondere Flair des Literaturmuseums entsteht durch die gekonnte Verbindung von historischer und avantgardistischer Architektur, sodass der dreigeschossige Bau seine Besucher auch mit modernen Räumen empfängt. Über 250 Druckgrafiken, Schmuckausgaben, Zeichnungen und Skulpturen rund um Hans Jakob Christoffel von Grimmelshausen gibt es zu sehen. Im Archiv lagern noch viele weitere Schätze, um die regelmäßig stattfindenden Sonderausstellungen zu ergänzen. Da zu den Exponaten vorwiegend Schöpfungen der Gegenwartskunst und illustrierte Publikationen zählen, handelt es sich um das erste rein rezeptionsgeschichtliche Literaturmuseum in Deutschland. Lohnenswert beim Besuch ist der hauseigene Audio-Guide. Hier kommt der hintersinnige Schriftsteller mitunter auch selbst zu Wort – ihm zu lauschen, ist ein Vergnügen.

- Simplicissimus-Haus, Hauptstraße 59, 77871 Renchen, Tel. (0 78 43) 7 07 42
www.simplicissimushaus.de
- ÖPNV: Bus 7135, Rathaus Renchen, wenige Gehminuten

SIMPLICIUS SIMPLICISSIMUS
Der abenteuerliche SIMPLICISSIMUS
Ravensburger Taschenbücher
Die Abenteu des Simplizis

Grüne Wohlfühlwelt

29 Die Landgärtnerei Vollmer in Appenweier

Josef Vollmer blickt von einem Schwarz-Weiß-Foto an der Wand auf die großzügige Ladenfläche, die sich vor ihm erstreckt. Während er damals die eigene Kartoffelernte noch aus dem Flur seines Fachwerkhauses heraus verkaufen musste, dürfen die Kunden heute durch einen lichtdurchfluteten Hofladen bummeln. Der wiederum ist Teil der Landgärtnerei, zu der natürlich auch ein sortenreicher Pflanzenverkauf gehört mit Balkonblumen, Stauden und vielem mehr. Dazu gibt es eine reiche Fülle saisonaler Deko-Artikel und eine große Blumenwerkstatt, in der kreative Floristinnen kunstvolle Sträuße entstehen lassen. Nicht zu vergessen das hauseigene Café Immergrün: Umweht vom Blumenduft genießen die Kunden hier Frühstücksspezialitäten, Kuchen und täglich wechselnde Mittagsgerichte – meist verfeinert mit Kräutern und Gemüse aus eigenem Anbau.

TIPP

In der Adventszeit bietet die Landgärtnerei einen stimmungsvollen Weihnachtszauber-Markt.

Bei all dem Wandel, den der Familienbetrieb in den vergangenen Jahrzehnten erlebt hat, steht die Arbeit mit der Natur noch immer im Mittelpunkt. Damals wie heute ist man dem Standort in Appenweier treu geblieben. Während sich Großvater Josef noch mit selbst gezimmerten Erdgewächshäusern begnügen musste, verfügt die Landgärtnerei heute über moderne Anlagen, zu denen beispielsweise auch ein nachhaltiges Wasserrückgewinnungssystem gehört, um möglichst ressourcenschonend zu produzieren. Die meisten Arbeitsschritte erfolgen jedoch immer noch in Handarbeit – nicht nur aus Gründen der Nachhaltigkeit. „Wir finden, dass Handarbeit die Qualität unserer Produkte verbessert", sagt Walter Vollmer, der die Gärtnerei mittlerweile in dritter Generation leitet. Für ihn ist es eine besondere Herzensangelegenheit, die Freude an der Arbeit im Grünen auch an seine Kunden weiterzugeben. Deshalb finden Hobby-Gärtner in Appenweier eine Vielzahl robuster und ertragreicher Gemüsepflanzen für die eigenen Beete. So gedeihen überall in der Region die aromatischen Tomaten, Kartoffeln oder Kräutervariationen aus dem Sortiment der Vollmer-Familiengärtnerei. Das hätte sicher auch Firmengründer Josef gern gesehen.

- Gärtnerei Vollmer, Sanderstraße 2, 77767 Appenweier, Tel. (0 78 05) 35 67 www.vollmer-gaertnerei.de
- ÖPNV: Bus 7135, 7137, Rathaus Appenweier, wenige Gehminuten

Mann mit Grill
sucht Frau
mit Kohle.
Mein schönstes Hobby

Vergnügliche Hexenjagd

30

Wandern auf dem Lautenbacher Hexensteig

Mit Hexen hegen die Einheimischen einen nahezu freundschaftlichen Umgang. Der Ursprung der schwäbisch-alemannischen Fastnachtshexe liegt schließlich in der Ortenau, weshalb man ihr in der närrischen Zeit oft über den Weg läuft. Und auch der Lautenbacher Hexensteig spielt mit der Idee, dass eine geheimnisvolle Zauberin gleich ums nächste Eck lauert. Da es sich niemand mit einer Hexe verscherzen möchte, wurde ihr zu Ehren auf dem höchsten Punkt der Tour ein schmuckes Häuschen errichtet. Aber dorthin muss man es erst einmal schaffen.

Der Startpunkt des rund 15 Kilometer langen Wanderwegs liegt beim Lautenbacher Bahnhof und ist gut markiert. Nach dem Hotel Sonnenhof beginnt der Anstieg auf den ehemaligen Rehberg und den historischen Allerheiligensteig bis zur Steighütte mit einem munter plätschernden Brunnen. Dann werden die Beine nochmal ordentlich beansprucht, denn nun folgt der steilste Teil der Tour. Als Belohnung wartet ein sieben Meter langes Waldsofa flankiert von einem gewaltigen Hexenbesen. In der Fantasie taucht eine riesige Hexe auf, die sich mit diesem Fluggerät durch die Lüfte schwingt. Aber in Wirklichkeit ist weit und breit kein magisches Wesen zu sehen, sondern es gibt nur den zauberhaften Blick über den Schwarzwald. Nach einer geruhsamen Entspannung geht's noch ein Stück weiter hoch entlang großer Streuobstwiesen bis zum ersten von drei Schnapsbrunnen. Eine gute Gelegenheit, um sich noch einmal Mut anzutrinken, denn wenig später taucht endlich das Hexenhaus auf. Und auch wenn die Vernunft das aufkommende Schaudergefühl belächelt – ein bisschen aufregend ist es doch, die Tür des mysteriösen Gebäudes zu öffnen. Was sich dahinter verbirgt, darf jeder selbst herausfinden. Mit einem letzten Blick aufs spitze Schindeldach heißt es Abschied nehmen von diesem verwunschenen Ort. Der Hexensteig führt ab jetzt fast nur noch nach unten und verwöhnt mit einem herrlichen Blick ins Renchtal, bis er in Lautenbach endet. Salut, Hexe! Vielleicht treffen wir uns beim nächsten Mal!

TIPP

Der Kappelrodecker Hexensteig kreuzt den Lautenbacher Hexensteig und ist ebenfalls empfehlenswert.

- Lautenbacher Hexensteig, www.renchtal-tourismus.de
- ÖPNV: Bahnhof Lautenbach

Körpererfahrung

31 Der Park mit allen Sinnen in Gutach

Wie fühlt es sich an, komplett in rotes oder blaues Licht getaucht zu sein? Was spüren die Füße, wenn sie auf Fichtenzapfen stehen? Und wie hört sich ein Anglerausflug an, der ganz ohne Worte erzählt wird? Wer den „Park mit allen Sinnen" in Gutach besucht, erfährt Antworten auf diese Fragen und noch viel mehr. Der ungewöhnliche Streifzug in die Welt der intensiven Körperwahrnehmung startet damit, dass die Füße vom Schuhwerk befreit werden. Schließfächer stehen bereit, damit Sneakers und Boots während des Besuchs nicht mitgetragen werden müssen und trotzdem sicher verstaut sind. Natürlich bleibt es jedem Gast selbst überlassen, ob das Barfuß-Experiment gewagt wird. Der 2,1 Kilometer lange Pfad kann auch in Schuhen begangen werden – spannender ist die Tour aber sicher unten ohne. Denn so bietet sich die Möglichkeit, die Natur ganz unvermittelt wahrzunehmen. Weich ist der Spaziergang über sandige Flächen, während der Gang über Rindenmulch oder Steine eine Herausforderung darstellt. Die einen sind vielleicht froh, wenn sie diese „pieksigen" Passagen gemeistert haben, andere genießen die natürliche Fußmassage und nutzen bereitwillig auch die Chance, durch feuchten Matsch zu waten. Wer hier Berührungsängste hat, wählt den trockenen Alternativweg daneben. Nicht verzichten sollten die Besucher auf einen Abstecher in die verschiedenen Erlebnisräume. Im Audio-Pavillon werden Geschichten erzählt, die ganz ohne Sprache auskommen und nur aus natürlichen Geräuschen bestehen – beispielsweise den Plätscherlauten eines Anglerausflugs. In anderen Pavillons liegt der Fokus auf Blüten- oder Kräuterdüften. Ein Dunkelraum bietet die Möglichkeit, sich ganz auf den Tastsinn zu verlassen. Ein Highlight der Strecke ist der farbenfroh bepflanzte Blumentunnel. Fällt die Sonne durch bunte Farbbänder, bietet sich die einzigartige Möglichkeit, selbst in ein Farbfeuerwerk einzutauchen. Blauzumachen ist ein echtes Erlebnis!

TIPP

Wer nicht den ganzen Weg barfuß laufen möchte, nimmt Badeschlappen zum schnellen Reinschlüpfen mit.

- Park mit allen Sinnen, Hauptstraße 103, 77793 Gutach, Tel. (01 72) 9 06 02 41 www.parkmitallensinnen.de
- ÖPNV: Bahnhof Gutach/Freilichtmuseum, etwa 20 Gehminuten

Zelten mit Stil

32 Eine Nacht im Wooden Tent in Ettenheim

Zelten ohne eigenes Zelt? Kein Problem! Schlafen in einem weichen Bett, inklusive eigener Toilette und Heizung, falls es in der Nacht etwas kühler wird – auch das ist möglich. Für alle, die ein besonderes Übernachtungserlebnis suchen und dabei nicht auf den Komfort eines Hotelzimmers verzichten möchten, bietet das Weingut Weber ein raffiniertes Designer-Zelt namens Wooden Tent an. Außen umhüllt von einem robusten Fassadenmaterial, ist es innen komplett aus Holz gefertigt. Im zeltförmigen Innenraum befinden sich ein Schlafsofa, allerlei Ablageflächen und sogar ein eigenes Bad mit Waschbecken und Toilette. Das Highlight ist allerdings das große Panoramafenster mit Blick über den Walnussgarten und auf die Barockstadt Ettenheim, die in fußläufiger Nähe liegt. Dahinter erstrecken sich der Schwarzwald und die Rheinebene.

Die Rückseite des Zelts umrahmen die Reben des Weingut Weber. Dessen junges Team macht Weingenuss auf stimmungsvolle Art erlebbar, mit Sundowner-Treffen oder Partys im eigenen Weingut, welches sich – ähnlich wie das Wooden Tent – durch moderne Architektur auszeichnet. Im hauseigenen Restaurant können die Gäste des Luxus-Zelts natürlich auch ausgiebig dinieren. Für einen letzten Betthupferl-Drink bietet sich dann allerdings die eigene kleine Terrasse an, die zum Zelt gehört. Zu jeder Übernachtung gibt es eine Flasche des hauseigenen Seccos und der schmeckt nirgendwo besser als unter dem Sternenhimmel. Wer sich im Hochsommer einquartiert, hat gute Chancen, die ein oder andere Sternschnuppe zu erspähen – dann dürfen heimliche Wünsche in den Himmel geschickt werden. Möchten die Gäste nach der Auszeit im Zelt noch ein Frühstück genießen, bekommen sie vom Weingut-Team eine Liste mit Vorschlägen zu allerlei Ettenheimer Cafés, die mit Brunch & Co verwöhnen. Ein guter Anlass, um einen Spaziergang in den Ort zu unternehmen, der den Wooden-Tent-Gästen ohnehin schon die ganze Zeit zu Füßen lag.

TIPP

Im Sommer finden auf dem Weingut die beliebten Weißweinpartys mit reichlich Disco-Feeling statt.

● Weingut Weber, Im Offental 1, 77955 Ettenheim, Tel. (0 78 22) 89 48 48
www.weingut-weber.com

wooden tent

Zeilenweise Freude

33

Die Wunderwort-Postkartenmanufaktur in Offenburg

Manch einer ist ihnen schon einmal begegnet – beispielsweise als motivierende Botschaften für den Alltag auf Kühlschranktüren, wo sie gern dauerhaft mit Magneten fixiert werden. „Sei Pippi. Nicht Annika", „Vergiss nicht, wie großartig du bist", „Manchmal muss man einfach ans Meer" oder „Die Berge rufen und ich muss gehen" – dies und Ähnliches verkünden die bunten Postkarten, die es in vielen Läden in Deutschland, Österreich und der Schweiz zu kaufen gibt. Ihren Ursprung haben diese Karten jedoch alle in Angela Gwinners Showroom in Offenburg, den sie scherzhaft „Wunderort" taufte – denn hier fehlt nur ein kleines „w" für den Namen der Marke „Wunderwort".

Von Wundern des Alltags weiß Angela Gwinner ohnehin viel zu berichten. Die Entstehung ihrer Firma ist eine davon: Nach einer persönlichen Krise postete die Deutsch-Kanadierin motivierende Sprüche auf Facebook, und zwar ursprünglich nur, um sich und anderen Trost zu spenden. Die Fangemeinde der Seite wuchs so rasch, dass Angela Gwinner von einer Freundin gefragt wurde, ob sie nicht auf einem Kunsthandwerkermarkt mal ein paar Postkarten mit Sprüchen anbieten möchte. Zögerlich startete sie mit fünf verschiedenen Motiven. Würde sich überhaupt irgendjemand dafür interessieren? Ja und wie! Denn nur ein paar Jahre später umfasst das Sortiment mehr als 500 verschiedene Botschaften und ständig kommen neue dazu. Mal sind es Zitate von berühmten Personen, meistens jedoch Eigenkreationen von Angela Gwinner, die gern auch mal ihre englischsprachigen Wurzeln einfließen lässt: „You make the world more beautiful". Oft bekommt Angela Gwinner begeisterte Rückmeldungen von Wunderwort-Fans, denen die Sprüche durch eine schwierige Zeit geholfen haben. Nicht selten entstehen aus diesen Kontakten wieder neue Sprüche für die Kollektion. Mit dem Wunderbaren ist es ja ähnlich wie mit dem Glück: Es vermehrt sich, wenn man es mit anderen teilt.

TIPP

Mehrmals im Jahr organisiert Angela Gwinner in ihrem Showroom auch Ausstellungen und Lesungen.

● Wunderwort Showroom, Friedrichstraße 40, 77654 Offenburg, Tel. (07 81) 20 55 55 97, www.wunderwort.com (Besuch nach Voranmeldung)

EIN BISSLE DOLCE VITA GEHT IMMER
ES SIND DIE BEGEGNUNGEN MIT MENSCHEN, DIE DAS LEBEN LEBENSWERT MACHEN.
LÄCHLE, ATME, UND GEHE LANGSAM.
WEINTRINKER SEHEN GUT AUS, SIND INTELLIGENT, SEXY UND GESUND.
NOCH EIN GLAS, BITTE!
ES BEGINNT MIT DEM ERSTEN SCHRITT.
UND DANN KOMMT DER NÄCHSTE.
HEIMAT IST EIN GEFÜHL.
DU HAST IMMER DREI MÖGLICHKEITEN.
LOVE IT. LEAVE IT. OR CHANGE IT.
DAS BAUCHGEFÜHL IST EIN VERDAMMT KLUGER KOPF.
UND DAS LEBEN IST DOCH EIN PONYHOF.

Mahnmal des Miteinanders

34

Das Lothardenkmal auf dem Mooskopf

Schon von Weitem ist die geheimnisvolle Skulptur sichtbar, die sich hoch in den Himmel streckt. Wobei diese Konstruktion auf den ersten Blick so aussieht, als müsse sie jeden Moment einstürzen, denn die hölzernen Stelen befinden sich in gefährlicher Schräglage. Bei näherer Betrachtung erschließt sich jedoch das Geheimnis dieses Kunstwerks. Die Stelen haben Gesichter. Es handelt sich also um stilisierte Menschen, deren Schräglage nötig ist, um sich gegenseitig zu stützen – und zwar auch in stürmischen Zeiten.

Als Erinnerung an die verheerenden Auswirkungen des Orkantiefs Lothar, das am 26. Dezember 1999 wütete, hat der Gengenbacher Künstler Norbert Feger dieses eindrucksvolle Mahnmal erschaffen. Konsequenterweise besteht es aus Weißtannen-Stämmen, die dem Unwetter zum Opfer gefallen waren. Mit einer Geschwindigkeit von über 200 Kilometern pro Stunde war der Orkan damals über die Landschaft hinweggefegt. Todesopfer und massive Gebäude- und Waldschäden waren die Folge. An einer durch das Unwetter verursachten kahlen Stelle am Siedigkopf wurde das Lothardenkmal platziert. Mittlerweile erobert sich die Natur das Gebiet zurück. Neue Bäume zeigen frisches Grün. Bänke laden zum Verweilen ein. Trotz oder gerade wegen der dramatischen Geschichte ist das Lothardenkmal ein perfekter Ort für eine Rast. Hinter dem Denkmal offenbart sich ein wunderbarer Panoramablick auf die Rheinebene. Ohne moralischen Zeigefinger vermittelt dieses Fleckchen automatisch ein Gefühl von Dankbarkeit für die Schönheit der Landschaft.

TIPP
Der Lothar-Walderlebnispfad bei Baiersbronn kündet ebenfalls von den Folgen des Sturms.

Zu erreichen ist dieser Ort am besten über den rund 10 Kilometer langen Moosbachwanderweg, der beim Waldparkplatz Moosbach startet und neben dem Lothardenkmal auch zum Moosbachturm führt – auch hier bietet sich nochmal die Möglichkeit für eine herrliche Sicht über den Schwarzwald. Der Rundwanderweg ist gut befestigt und deshalb auch bei Mountainbikern beliebt. Zum Einkehren mitten im Grünen lädt das Naturfreundehaus Kornebene ein.

● Waldparkplatz Moosbach, 77787 Nordrach, www.nordrach.de

Spannende Zeitreise

35 Das Lahrer Stadtmuseum in der Tonofenfabrik

Unter dem Motto „Zukunft braucht Geschichte" präsentieren sich die Ausstellungsräume des Lahrer Stadtmuseums in der Tonofenfabrik. Die Schau ist auch für all jene Besucher interessant, die bislang kaum Bezug zu der Stadt am Westrand des Schwarzwalds hatten – dabei liegt hier die Wiege vieler bekannter Firmen. Das im Jahr 2018 eröffnete Museum entpuppt sich als interaktive und modern gestaltete Erlebniswelt. Ein raffiniertes Zusammenspiel von Zukunft und Geschichte offenbart bereits die Architektur der Anlage. Die unter Denkmalschutz stehende ehemalige Tonofenfabrik wurde durch einen neuen Treppenturm aus rotem Sichtbeton ergänzt. Er führt den Besucher durch die vier Stockwerke des Museums.

Ganz unten beginnt die Zeitreise in der Antike, als Lahr bereits von den Römern besiedelt war. Im sogenannten Archäolab dürfen Gäste in die Rolle eines Forschers schlüpfen und beispielsweise historische Fundstücke unter dem Mikroskop analysieren. Das Erdgeschoss widmet sich der Stadtentwicklung vom Mittelalter bis zur Nachkriegszeit und wird ebenfalls durch interaktive Elemente ergänzt. Ein Highlight der Ausstellung ist sicher das Obergeschoss, wo der beachtlichen Industriegeschichte nachgespürt wird. Die Tabakmarke Roth-Händle hatte beispielsweise einst ihren Sitz in Lahr und deshalb gibt es einen Zigarettenautomaten, der statt Glimmstängeln nostalgische Zigarettenwerbung ausspuckt: Die verherrlichende Reklame ist unfreiwillig skurril und glücklicherweise völlig überholt. Als fortschrittlich erweisen sich hingegen die energiesparenden Duscharmaturen der Weltmarke Grohe – auch ihre Geschichte ist eng mit Lahr verbunden, ebenso wie die Historie zahlreicher Druckereien, Verlage und vieler anderer Firmen, die es im Museum zu entdecken gilt. Interessante Sonderausstellungen und Mitmach-Veranstaltungen komplettieren das Angebot und machen den Geschichtsexkurs zum facettenreichen Erlebnis.

TIPP
Zum Stadtmuseum gehören auch der Storchenturm und die Römeranlage – beide ebenfalls sehenswert.

● Stadtmuseum Lahr, Kreuzstraße 6, 77933 Lahr, Tel. (0 78 21) 910 04 10
stadtmuseum.lahr.de
● ÖPNV: Bus 103, 104, 105, Goethestraße Lahr, wenige Gehminuten

Warum übertreiben ...
ABRAZO-FLIP
Warum übertreiben ...
ABRAZO-FLIP

Theatraler Zündstoff

36 Bühnenfreuden beim Hornberger Schießen

Wenn eine Angelegenheit mit großer Prahlerei angekündigt wird und dabei nichts herauskommt, könnte folgende Redewendung zum Einsatz kommen: „Das geht aus wie das Hornberger Schießen." Obwohl nicht wissenschaftlich belegt ist, aus welcher historischen Begebenheit sich die Redensart speist, so gibt es eine Lesart, die auf jeden Fall sehr unterhaltsam ist: Im Jahr 1564 soll sich ein Herzog zu Besuch in Hornberg angekündigt haben. Die stolzen Bürger wollten ihn mit Salutschüssen willkommen heißen. Als sich aus der Ferne eine Staubwolke näherte, donnerten erste Kanonen mit lautem Getöse. Allerdings hatte sich der Wachposten dummerweise verguckt: Nicht der Herzog, sondern nur ein Postwagen war im Anmarsch. Und weil sich dieser Fehlalarm mehrfach wiederholen sollte, war alles Pulver verschossen, als der hohe Besuch tatsächlich die Tore passierte. Mehr als verzweifelte „Piffpaff"-Rufe blieb den Hornbergern nun nicht mehr für die Begrüßung. Politik-Berühmtheit Wolfgang Schäuble, der selbst in Hornberg aufgewachsen ist, bezeichnete diese Anekdote augenzwinkernd als „erste Abrüstungsinitiative der Welt".

Mit viel Humor und Spielfreude bringen Darsteller – hauptsächlich gebürtige Hornberger, wobei auch Schauspieler von außerhalb willkommen sind – den historischen Schwank alljährlich auf die Bühne. Und das übrigens schon seit 1955. Damals schrieb Erwin Leisinger sein Volksschauspiel „Das Hornberger Schießen" und bis heute wird der Text in seiner ursprünglichen Fassung jeden Sommer auf der Freilichtbühne am Storenwald in Szene gesetzt. Viele Mitwirkende sind regelrecht in ihre Rollen hineingewachsen und mimten im Grundschulalter zunächst Kinder, bis sie irgendwann später als gewitzter Nachtwächter oder schwungvolle Wirtin auftreten durften. Prächtige Kostüme und echte Pferde komplettieren den Bühnenspaß. Und wer ursprünglich nicht aus der Region stammt, bekommt beim Zuschauen nebenbei eine Dialekt-Lehrstunde im „Badischschwätze".

TIPP

Neben dem Volksschauspiel zeigen die Darsteller auch wechselnde Familien- und Erwachsenenstücke.

- Freilichtbühne Hornberg, Am Storenwald, 78132 Hornberg
  www.freilichtbuehne-hornberg.de
- ÖPNV: Bahnhof Hornberg, etwa 10 Gehminuten

Länderüberschreitend

37 Die Passerelle des Deux Rives zwischen Kehl und Straßburg

Allerlei denkwürdige Momente musste diese Brücke am Rhein im wortwörtlichen Sinne „ertragen". Da war zum Beispiel der unvergessene Auftritt von Italiens Ex-Ministerpräsident Silvio Berlusconi beim Nato-Treffen des Jahres 2009. Während sich seine Amtskollegen Angela Merkel, Barack Obama und Nicolas Sarkozy zum symbolträchtigen Festakt auf der Passerelle des Deux Rives (Brücke der zwei Ufer) versammelten, plauderte Berlusconi in stoischer Gelassenheit in sein Handy und verpasste fast das Gruppenfoto.

Im Jahr 2004 als Symbol des zusammenwachsenden Europas eingeweiht, verbindet die Fußgängerbrücke die beiden Grenzstädte Kehl und Straßburg miteinander und ist zugleich Teil des grenzüberschreitenden Parks Jardin des Deux Rives (Garten der zwei Ufer), der anlässlich einer gemeinsamen Landesgartenschau von Kehl und Straßburg entstanden ist. Die Anlage eignet sich wunderbar für Spaziergänge, und zwar je nach Lust und Laune mal auf deutscher und mal auf französischer Seite. Ausreichend Zeit sollte für einen ersten Besuch eingeplant werden, denn neben der mit Architekturpreisen prämierten Brücke gibt es auf dem Areal noch weitere Attraktionen zu entdecken. Da wäre auf deutscher Seite zum Beispiel die Bronzeplastik „Begegnung" des Münchner Bildhauers Josef Fromm oder der Weißtannenturm, der einen schönen Blick über die Parkanlage bietet. Auf französischer Seite bietet eine künstlich angelegte Wasserwand an heißen Sommertagen ein herrlich kühles Plätzchen.

In eine riesige Freiluft-Klassikbühne verwandelt sich der Garten jeweils einmal im Sommer, wenn die Straßburger Symphoniker zum kostenlosen Konzert einladen. Dann treffen sich Deutsche und Franzosen zum Picknick auf der Wiese und genießen gemeinsam die Musik. Man prostet sich fröhlich mit Grauburgunder oder Crémant zu. Und wer das Konzert entspannt genießen möchte, schaltet einfach mal sein Handy ab. Eine Chance, die Silvio Berlusconi damals verpasst hat.

TIPP

Der Verein Garten/Jardin lädt regelmäßig zum Kuchen-Rendezvous auf der Brücke ein.

- Passerelle des Deux Rives, 77694 Kehl
- ÖPNV: Bahnhof Kehl, etwa 10 Gehminuten

Die Terrasse der Ortenau

38

Schloss Staufenberg in Durbach

Hochzeitspaare aus der ganzen Welt wählen diesen Ort für den schönsten Tag im Leben aus. Wenn die internationalen Gäste insgeheim darüber spekulieren, ob man nicht auch im Heimatland hätte feiern können, wo es gewiss auch hübsche Locations gibt, dann verschwinden diese Gedanken meist, wenn das Ziel erreicht ist. Seufzend muss jeder Kritiker feststellen, dass dieses Anwesen einfach einzigartig ist. Der Ausblick bis weit hinüber nach Frankreich ist schlicht atemberaubend und stiehlt sogar der Braut mitunter die Show – aber die darf sich freilich nicht beschweren, denn sie hatte sich ja das spektakuläre Ambiente selbst ausgesucht.

Schloss Staufenberg ist allerdings nicht „nur" eine Hochzeitslocation. Hier ist jeder Gast herzlich willkommen, um das Panorama zu genießen. Auf der Karte stehen ofenfrische Flammkuchen, Vesperplatten und erlesene Weine, deren Reben direkt nebenan wachsen. Schon seit Jahrhunderten werden die Steillagen des über 380 Meter hohen Staufenbergs mit Weinstöcken bepflanzt. Schloss Staufenberg wurde im 11. Jahrhundert vom Herzogsgeschlecht der Zähringer, den Vorfahren der Markgrafen von Baden, als Burg errichtet und ist heute noch im Privatbesitz des Hauses Baden als Markgräfliche Badische Weinkellerei. Neben der weitläufigen Außengastronomie – bekannt auch als „Terrasse der Ortenau" – gibt es die holzvertäfelte Weinstube, einen Festsaal und einen Hofladen.

TIPP

Auf dem Schloss finden auch öffentliche Veranstaltungen wie Konzerte oder Dinner-Shows statt.

Wer zu Fuß hierherkommen möchte, kann den 30-minütigen, etwas steilen Pfad wählen, der in der Durbacher Ortsmitte startet. Außerdem gibt es eine gut befestigte Straße für Fahrräder und Autos. Wer den stilvollen Auftritt liebt, kann auch im Hotel Ritter (siehe Glücksort 13) einen Oldtimer mieten. Dieser Service wird besonders gern von Hochzeitspaaren genutzt. Und wenn die Braut dann im weißen Porsche Speedster 356 herandüst, sind doch wieder alle Blicke auf sie gerichtet. Dem ehrwürdigen Schloss Staufenberg macht das nichts aus. Es versteht sich ohnehin eher als Bühne für unvergessliche Augenblicke.

● Schloss Staufenberg, 77770 Durbach, Tel. (07 81) 92 46 58 38
www.schloss-staufenberg.de

Bei der Blumenkönigin

39

Zu Besuch im Offenburger Rosengarten

Jedes Jahr im späten Frühling ist an der Offenburger Stadtmauer ein besonderes Spektakel zu beobachten: Die Knospen im Rosengarten werden immer größer, bis sich die ersten Blüten öffnen – ein bisschen scheint es so, als wollten diese frühen Rosen für die große Blütenshow werben, die sich spätestens im Juni in ihrer ganzen Fülle zeigt. Mehr als 100 Rosensorten wachsen auf einer Fläche von 1200 Quadratmetern. Es ist eine wahre Freude, durch die Wege zu schlendern und an den Blüten schnuppern zu dürfen. Auch verschiedene Bänke stehen bereit, um sich eine blumige Rast zu gönnen. Ob das Rendezvous mit den verlockend klingenden Rosensorten wie Cherry Girl oder Guirlande d´Amour lieber morgens oder rund um die Mittagszeit oder vielleicht doch bei Sonnenuntergang stattfindet, bleibt jedem Gast selbst überlassen. Der Rosengarten kostet keinen Eintritt und ist rund um die Uhr zugänglich.

TIPP

Unter den Rosenbögen findet sich ein idealer Ort für sommerlich-schöne Porträtfotos.

Schon seit etwa 100 Jahren befindet sich eine Rosenanlage bei der Stadtmauer und wilderte mal mehr und mal weniger vor sich hin. Das änderte sich im Jahr 2014, als drei engagierte Gärtnermeister zusammen mit zahlreichen ehrenamtlichen Helfern eine aufwendige Renovierung der Anlage starteten. Das tatkräftige Team veredelte die Böden, wählte neue Rosenstöcke aus und komponierte sie zu einem harmonischen Farbenspiel. Auch Namensschilder wurden ergänzt – über die freuen sich besonders jene Besucher, die nach neuen Rosen für den eigenen Garten Ausschau halten. Anders als im Katalog oder im Onlineshop können die Pflanzen hier in natura bewundert werden, inklusive Duftproben. Damit sich bis in den Herbst immer wieder frische Knospen bilden, muss Verblühtes regelmäßig abgeschnitten werden. Auch hier sind viele fleißige Helfer im Einsatz. Ihnen ist es auch zu verdanken, dass der Garten jeden Winter auf die kommende Saison vorbereitet wird. So darf das Rosenspektakel immer wieder neu beginnen.

- Rosengarten, 77652 Offenburg, www.offenburg.de
- ÖPNV: Bus R2, S2, S6, 7141, Rathaus/Zentrum Offenburg, wenige Gehminuten

Vielfältige Flechtkunst

40 Zu Besuch bei Korb Welzel in Hausach

Sich einen Korb zu holen, ist hier überhaupt nicht schlimm. Ganz im Gegenteil! Das einzige Problem wäre die Qual der Wahl. In die kleinsten Varianten passt gerade mal eine Weinflasche, die größten Modelle wiederum könnten fast eine halbe Wohnungseinrichtung verstauen – und dann findet sich in Hausach noch so vieles dazwischen und drumherum: Hundekörbe, Fahrradkörbe, Picknickkörbe, Korbmöbel, geflochtene Lampen, Bambus-Paravents, Gartensofas und vieles mehr. Dazu gesellen sich passende Wohnaccessoires und Geschenkartikel wie Kissen, Tassen oder Kerzen. Auf einer weitläufigen Verkaufsfläche lädt das Korb- und Rattan-Einrichtungshaus zur Erkundung in die Welt der Flechtwaren ein und diese präsentiert sich so facettenreich, dass für den Besuch ausreichend Zeit eingeplant werden sollte.

TIPP

Die Weihnachtsabteilung ist ganzjährig geöffnet – und im Advent besonders spektakulär.

„Jeder Korb entsteht in Handarbeit und damit ist jeder auch einzigartig“, sagt Bärbel Welzel. Sie führt den Familienbetrieb Korb Welzel in der dritten Generation. Angefangen hatte alles im Jahr 1923 mit der kleinen Korbflechterei ihres Großvaters – mittlerweile bezieht Bärbel Welzel die Waren bei weltweiten Manufakturen und ist dabei ständig auf der Suche nach Neuheiten. Die meisten Modelle bestehen aus Naturmaterialien wie getrockneter Wasserhyazinthe, Bambus, Weide, Binsen oder Bananenblättern, die jeweils ganz unterschiedlich verarbeitet werden. Das Pulut-Rattan lagert beispielsweise zunächst einige Wochen im Schlamm, damit es eine graue Patina bekommt – und die wiederum erweist sich als ideale Ergänzung zum Interieur im modernden Industrial-Style.

Wer sich nicht gleich entscheiden mag, welches Flechtwerk demnächst bei ihm einziehen darf, gönnt sich zwischendurch eine Pause in der hauseigenen Gastronomie. Das Café Körbchen verwöhnt mit Kuchen und Kaffee, im Imbiss Schlemmerkörbchen lässt sich der größere Hunger mit Currywurst und Burger stillen – Letztere gibt es auch in vegetarischer Variante. Apropos: Wie wäre es mit einem neuen Gemüsekorb für den nächsten Wochenmarktbesuch?

● Korb Welzel, Ferdinand-Reiß-Straße 2, 77756 Hausach, Tel. (0 78 31) 5 31
www.korb-welzel.com
● ÖPNV: Bus 7160, Hechtsberg/Hausach, wenige Gehminuten

Wo die Fasent nie endet

41

Das Narrenmuseum im Gengenbacher Niggelturm

Wer sich mitten im Sommer nach der fünften Jahreszeit sehnt, muss sich nicht in Geduld üben. Es gibt einen Ort, an dem die Kunst der Verkleidung durchgehend Saison hat. Wobei die Gäste schnell feststellen, dass die schwäbisch-alemannische Narrenzeit ganz eigene Regeln aufweist. Hier heißt es nicht Karneval, sondern Fasent oder Fastnacht. Die Verkleidung der badischen Traditionalisten wechselt nicht etwa von Jahr zu Jahr: Jede Zunft hütet ihre spezielle Kostümierung samt aufwendig gefertigter Masken wie einen Schatz, der von Generation zu Generation weitergegeben wird. Für Gengenbach ist beispielsweise das Hexenkostüm charakteristisch, eines in der Art, wie es im Niggelturm schon im ersten Stock zu sehen ist und die Besucher auf das närrische Erlebnis einstimmt.

TIPP

Fast jede Gemeinde in der Ortenau bietet zur Fastnachtszeit eigene Umzüge und Veranstaltungen.

Dort beginnt die Reise durch die Welt der Fasent mit verschiedenen Filmen, die einen lebhaften Eindruck vermitteln, wie engagiert die fünfte Jahreszeit hier zelebriert wird – und das übrigens bereits seit dem Jahr 1499. Schon damals wollten Gengenbacher Bürger die Fastnacht begehen und befreiten Gleichgesinnte aus dem Niggelturm, der einst als städtisches Gefängnis diente. Hinter dem Maskeradenspiel steckte also schon in den Anfängen ein antiautoritärer Geist – auch davon erzählt das Narrenmuseum. Vom ersten Stockwerk aus geht es 132 Stufen und sechs weitere Stockwerke nach oben. Jede Etage eröffnet tiefere Einblicke in die Welt der schwäbisch-alemannischen Fastnachtstradition, die nicht umsonst in das Bundesweite Verzeichnis des Immateriellen Kulturerbes aufgenommen wurde. Neben den Gengenbacher Hexen präsentieren sich Dutzende weitere kunstvolle Kostüme, die teils aus so überraschenden Materialien wie Schneckenhäusern oder Stroh gefertigt sind. Ganz oben bietet sich noch die Möglichkeit, einmal rund um die Aussichtsplattform des Turms zu spazieren und den Blick über Gengenbachs historische Altstadt zu genießen. Vielleicht summt man dabei ein Faschingslied. Hier wäre das durchaus normal.

- Narrenmuseum Niggelturm, Hauptstraße 39, 77723 Gengenbach, Tel. (0 78 03) 57 49, www.narrenzunft-gengenbach.de
- ÖPNV: Bahnhof Gengenbach, wenige Gehminuten

Ein poetisches Fleckchen

42

Der Waldsee in Haslach

„Wie still der See, wie schweigsam die erhellten mattblauen Wasser hier, die leichtgewellten! Doch aus dem Schilf des Ufers stolz erhoben der Iris Kronen dort so goldgewoben“, so lauten die ersten Verse des Gedichts „Waldsee“, geschrieben von Christian Wagner. Der Poet lebte bis zu seinem Tod im Jahr 1918 im schwäbischen Warmbronn – für damalige Verhältnisse also weit weg vom badischen Haslach. Deshalb inspirierte ihn gewiss ein anderer Waldsee zu seinen schwärmerischen Zeilen. Und doch passen die Verse auch wunderbar zu der kleinen Idylle, die nur ein paar Gehminuten von der Haslacher Altstadt entfernt liegt.

Da sich am Seeufer ein Ausflugslokal und ein Minigolfplatz befinden, herrscht an den Wochenenden bei gutem Wetter mitunter reger Betrieb. Wer es sich lieber etwas ruhiger wünscht, kommt werktags vorbei. Dann ist gewiss eine der Bänke frei, die rund um den Waldsee platziert sind. Eine Weile das Treiben auf dem Wasser zu beobachten, hat eine durchaus meditative Wirkung. Enten ziehen hier geruhsam ihre Kreise. Der Wind zeichnet flirrende Muster auf die Wasseroberfläche. Die tief in den See ragenden Eschen und Hängebuchen berühren ihr Spiegelbild, das – je nach Lichteinfall – mal glasklar und mal schemenhaft zu sehen ist. Der Waldsee ist nicht groß und schnell umrundet, trotzdem bietet er viele hübsche Perspektiven, die immer wieder aufs Neue zum Verweilen verlocken.

TIPP

Vom Waldsee aus startet auch eine Wanderroute zum Aussichtsturm Urenkopf.

Wer nach einer ausreichend langen Rast am Wasser noch Lust auf eine Wanderung hat, startet direkt vom Waldsee aus den 4 Kilometer langen Wald- und Erlebnispfad Bächlewald. Für Kinder bietet sich hier die ein oder andere Geschicklichkeitsübung in der Natur. Erwachsene freuen sich über die abwechslungsreich gestaltete Strecke, die über verschiedene Pfade und Forstwege führt. Die Willy-Kern-Hütte am höchsten Punkt lädt mit einer breiten Holzliege zur Pause ein. Und dann geht's wieder nach unten, wo der Waldsee mit seiner spiegelnden Oberfläche auf den Zielpunkt weist.

- Waldsee, Waldseeweg 25, 77716 Haslach, www.haslach.de
- ÖPNV: Bahnhof Haslach, etwa 20 Gehminuten

Glückliche Schnapsidee

43

s'Blaue Hus in Nordrach lädt ein

Der Anfang von allem war rund, cremig-süß, verfeinert mit Walnusslikör – und brachte etwas ins Rollen, mit dem vermutlich niemand gerechnet hätte. Eigentlich wollte der gelernte Koch und Konditor Egbert Laifer zunächst nur eine einzige Praline kreieren, und zwar zu Ehren einer Sagengestalt, die in Nordrach weithin bekannt ist: Der sogenannte Moospfaff spukt hier seit vielen Generationen im Mönchsgewand durch die Wälder. Für diese mystische Lokalprominenz entwickelte Egbert Laifer seine Moospfaffkugel. Alsbald wollte jeder dieses kleine Stückchen Heimat naschen. Warum in die Ferne schweifen? Sieh, das Gute liegt so nahe – gemäß dieser Redensart ersann der kreative Nordracher weitere Pralinen und ließ sich dabei von verschiedenen Likören und Bränden des beliebten Nordracher Obstbrennerwegs inspirieren, sozusagen Schnapsideen in Schokolade gegossen.

TIPP

Im Moospfaff-Monat Oktober feiert Nordrach die legendäre Sagengestalt mit facettenreichen Veranstaltungen.

Für diese Köstlichkeiten brauchte es dann einen Verkaufsort. Zunächst eröffnete Egbert Laifer in Nordrach seine eigene Chocolaterie Choco L und da diese bald zum Publikumsmagneten wurde, feierte im Jahr 2020 das Café s'Blaue Hus seine Premiere. Das markant himmelblaue Bauwerk, dessen Geschichte bis in das Jahr 1877 zurückreicht, ist Treffpunkt für alle Fans hochwertiger Gastronomie und charmanter Einrichtung. Drinnen wie draußen sitzt es sich hier ganz wunderbar. Der jüngst gestaltete Außenbereich bietet idyllische Freiluftplätze am sanft rauschenden Flüsschen Nordrach. Hier findet auch die Veranstaltungsreihe „Genuss am Bach" statt. Nicht weniger stimmungsvoll präsentieren sich die Innenräume. „S'Nähstübchen" schmücken beispielsweise Großmutters Handwerksutensilien und im „s'Blaue Zimmer" fühlen sich die Gäste wie in einem eleganten Kaffeehaus-Salon. Wer sich kaum entscheiden kann, welcher Sitzbereich der Schönste ist, kommt einfach immer wieder. Egbert Laifer hat ohnehin noch so viele Rezepte und Ideen im Kopf, mit denen er seine Besucher weiter auf den Geschmack von Heimat bringen möchte.

- Choco L & Café s'Blaue Hus, Im Dorf 13, 77787 Nordrach, Tel. (0 78 38) 9 55 74 00 www.sblauehus.de
- ÖPNV: BusSchnu, Rathaus Nordrach, wenige Gehminuten

Hus.
ocoL
Laifer – Süßes LAIF Erleben

Segensreiche Graffiti

44

Ein Kirchenbesuch in Kehl-Goldscheuer

Wenn sich Graffiti-Künstler samt Spraydose einer Kirche nähern, würden einige Pfarrer vielleicht ein heimliches Gebet zum Himmel senden: Herr, verschone unser Gotteshaus – sowas in die Richtung. Im Fall der katholischen Kirche „Maria, Hilfe der Christen" im Kehler Stadtteil Goldscheuer lief es jedoch ganz anders. Der Offenburger Graffiti-Künstler Stefan Strumbel wurde im Jahr 2011 sogar höchstpersönlich eingeladen und durfte die Kirche neu gestalten. Manche waren anfangs skeptisch, ob das Gotteshaus ausgerechnet mit Spraydosen gerettet werden könnte und dann auch noch von einem Graffiti-Künstler, der für durchaus provokante Werke bekannt war. Für internationale Furore sorgte er beispielsweise mit seiner Neuinterpretation der Schwarzwälder Kuckucksuhr: bunt, schrill und teils verziert mit Spielzeugwaffen. Heimat neu interpretiert im Popkultur-Stil.

Trotzdem oder gerade deshalb erwies sich Stefan Strumbel als Segen für die Gemeinde. Das 1960er-Jahre-Gotteshaus sollte mangels Besuchern und wegen des großen Sanierungsbedarfs geschlossen werden, bis die mutige Idee geboren wurde, die Kirche mit moderner Kunst neu zu beleben, und zwar gefördert durch Spenden engagierter Bürger. Behutsam und trotzdem prägnant machte sich Stefan Strumbel ans Werk und verpasste den Wänden einen ausdrucksstarken Streifenlook als Kontrast zu den historischen Buntglasfenstern. Eine LED-Lichtspur führt zu einer Madonnendarstellung auf der Orgelempore. Stefan Strumbel verlieh ihr eine ortsübliche schwarze „Maschenkapp" und zeigt sie als Frau des Volkes. Darüber hinaus gibt es noch weitere überraschende Gestaltungselemente zu entdecken: Kerzenhalter in der Optik von Comic-Sprechblasen, ein rosaroter Strahlenkranz rund um die Kreuzigungsgruppe und vieles mehr. Die außergewöhnliche Kirche ist heute ein Anziehungspunkt – zum einen für die Gemeinde, zum anderen für alle kunstinteressierten Besucher, die ebenso herzlich willkommen sind.

TIPP

Die Kirche ist zu den Gottesdienstzeiten geöffnet. Auch Gruppenanfragen für Führungen sind möglich.

- Kirche Maria Hilfe der Christen, Pfarrweg 1, 77694 Kehl-Goldscheuer, Tel. (0 78 54) 221, www.kath-kehl.de
- ÖPNV: Bus 301, Goldscheuer Kittersburger Straße/Kehl, wenige Gehminuten

Genussvolles Wandern

45 Unterwegs auf der Hahn-und-Henne-Runde

Benannt ist dieser Premiumwanderweg nach einem Dekor der Zeller Keramik Manufaktur. Zur Geburt seiner Tochter entwarf Karl Schöner im Jahr 1898 das Hahn und Henne-Motiv und bald wurde es zum Klassiker mit hohem Wiedererkennungswert – und genau den erleben auch die Wanderer auf der 14 Kilometer langen Route. Mal zeigt sich das Federvieh als Verzierung einer Sitzbank und mal als Schmuck eines Holzzauns. Vielleicht hat der ein oder andere Wanderer auch seine eigene Hahn-und-Henne-Tasse für eine Vesper auf einem der vielen schönen Rastplätze im Gepäck. Um sich diese zu verdienen, müssen die ersten Kilometer aber erstmal bewältigt werden.

Die Hahn-und-Henne-Runde startet beim Wanderparkplatz Schwarzer Adler in Zell-Unterharmersbach. Von dort weisen Schilder den gut präparierten Wanderweg, der keine allzu steilen Anstiege aufweist und deshalb perfekt geeignet ist für alle, die den Blick in die Landschaft auskosten wollen. Gerade im Frühling putzt sich die Strecke nochmal besonders blumenreich heraus, denn blühende Obstbäume und bunt betupfte Wiesen säumen den Weg. Dazwischen beleben historische Schwarzwaldhöfe die Szenerie. Vielleicht kräht irgendwo auch noch ein echter Hahn, als wolle er einen Beitrag dazu leisten, die Hahn-und-Henne-Runde noch romantischer zu beleben. Mehr Landidylle geht kaum – oder doch?

TIPP

Den Werksverkauf der Zeller Keramik in Zell am Harmersbach besuchen.

Eine der Einkehrmöglichkeiten auf der Strecke ist die historische Vesperstube „Vogt auf Mühlstein". Die Gastgeber Rolf und Sandra Lehmann laden in liebevoll dekoriertem Ambiente zu selbst gemachter Kartoffelsuppe und einem Krügel Most. Und jetzt tropft doch noch ein bisschen Tragik in diesen malerischen Ausflug: Vor mehr als 200 Jahren lebte hier die wunderschöne Magdalena, Tochter des Vogts auf Mühlstein, die auf Geheiß ihres Vaters statt ihrer großen Liebe einen reichen Bauern heiraten musste. Vor Kummer starb sie kurz nach der Hochzeit. Bilder im Gasthaus erinnern an diese tragische Geschichte und mahnen zugleich daran, stets den Augenblick zu genießen.

- Hahn-und-Henne-Runde, Zell, www.zell.de
- ÖPNV: Bahnhaltestelle Zell-Unterharmersbach, wenige Gehminuten

Lass dich überraschen!

46

Dinieren im Gioias Restaurant in Rheinau

Laut Sprichwort ist Planung das halbe Leben – manchmal liegt der Reiz jedoch genau darin, nicht zu wissen, was auf uns zukommt. Vor allem, wenn das Unvorhersehbare aus den Händen des preisgekrönten Chefkochs Francesco D'Agostino kommt. In diesem Fall darf sich der Gast entspannt zurücklehnen. Überraschungsmenüs sind das Markenzeichen des jungen Lokals in Rheinau. Schon das Ambiente des Restaurants, das sich in einem historischen Gutshof befindet, hat ein ganz eigenes Flair: Den Fußboden der Innenräume prägt ein mediterran anmutendes Fliesenmuster, dazu gesellen sich schicke Designer-Möbel und ausdrucksstarke Kunst. Auch der Außenbereich vereint zeitgemäßes Interieur mit südlichem Flair. Die italienischen Wurzeln des Gastgebers Francesco D'Agostino spiegelt passenderweise bereits der Name des Lokals wieder. „Gioias“ ist abgeleitet vom lateinischen Wort „gaudium“ und bedeutet Freude.

Wie viel Erfreuliches serviert werden darf, entscheiden die Besucher übrigens selbst. Zur Wahl stehen Überraschungsmenüs mit drei, vier oder fünf Gängen. Gratis dazu kommen kleine Grüße aus der Küche. Natürlich können vorab individuelle Vorlieben angegeben werden, beispielsweise zur vegetarischen Ernährung oder zu Unverträglichkeiten. Sind derlei formelle Dinge geklärt, darf die Expedition in die Welt der ausgefallenen Fusionsküche endlich starten. Jedes Gericht hat einen Wow-Faktor – optisch wie geschmacklich. Die von kulinarischen Einflüsse aus Italien, Südamerika, Frankreich und Deutschland geprägten Speisen zergehen auf der Zunge. Um jeden Gang entspannt verkosten zu können, sollte genug Zeit eingeplant werden, weshalb die Menüs in der Regel in den Abendstunden stattfinden. Doch auch tagsüber müssen die Gäste nicht auf die raffinierte Küche verzichten: Gleich neben dem Restaurant befindet sich sozusagen die kleine Schwester des Gioias und die heißt La Casita. Hier serviert das Team hausgemachte Frühstücks- und Mittagsgerichte sowie weitere Snacks für Feinschmecker.

TIPP

Die hausgemachte Eiscreme aus dem La Casita wird nur aus frischen Zutaten hergestellt.

- Gioias Restaurant, Hauptstraße 215–217, 77866 Rheinau, Tel. (0 78 44) 9 18 22 99 www.gioias.de
- ÖPNV: Bus 301, 403, Rheinbischofsheim Katholische Kirche/Rheinau, wenige Gehminuten

Spritziges Spektakel

47 Die Allerheiligen-Wasserfälle in Oppenau

Es gibt zwei Möglichkeiten die Allerheiligen-Wasserfälle zu erkunden, und zwar von oben, wo sich das Klosterrestaurant befindet, oder vom unteren Ende der Wasserfälle aus. Diese Variante ist für all jene zu empfehlen, die zum ersten Mal hierherkommen. Das Spektakel ist am eindrucksvollsten, wenn es Höhenmeter für Höhenmeter erklommen werden darf und zuletzt wartet eine weitere Entdeckung – dazu später mehr. Die Allerheiligen-Wasserfälle sind die größten natürlichen Wasserfälle des Nordschwarzwalds. Eingebettet in die Bergwelt von Schliffkopf, Hundskopf und Schwabenkopf rauschen sie über sieben Kaskaden die steilen Felsen hinab. Bereits im 19. Jahrhundert wurde die unzugängliche Schlucht mithilfe von Leitern passierbar gemacht. Heute stehen bequeme Treppenwege zur Verfügung. Gerade im Sommer, wenn das Thermometer über 30 Grad steigt, bietet der Spaziergang entlang der sprudelnden Gewässer eine natürliche Abkühlung und es stört überhaupt nicht, wenn feinste Tropfen in der Luft fliegen. Nur die vielen Hobby-Fotografen, die sich entlang der Strecke positionieren, schützen ihre Linsen eifrig vor dem Wasser, um eben dieses möglichst eindrucksvoll festzuhalten.

Als wäre das Wasserschauspiel nicht genug, bietet sich oben noch ein weiteres prachtvolles Fotomotiv: die Ruine des Klosters Allerheiligen. Die Überreste der gotischen Fassade recken sich stolz in den Himmel. Gelegentlich finden an diesem besonderen Ort auch Kulturveranstaltungen statt. Sogar der amerikanische Schriftsteller Mark Twain, geistiger Vater von Tom Sawyer und Huckleberry Finn, erklomm 1878 den Wasserfall und war begeistert über dieses entzückende Fleckchen Erde. Beseelt von so vielen Eindrücken bietet sich eine Einkehr im Klosterrestaurant an, das mit vegetarischen Gerichten und hochwertigem Bio-Fleisch auf jeden Geschmack eingestellt ist.

TIPP

Auch das nahe gelegene Ehrenmal des Schwarzwaldvereins ist einen Abstecher wert.

- Kloster Allerheiligen, Allerheiligen 6, 77728 Oppenau, Tel. (0 78 04) 12 00 www.kloster-allerheiligen.de
- ÖPNV: Bus 425, 7137, Wasserfälle Allerheiligen Oppenau, wenige Gehminuten

Gelungener Wandel

48

Das Mühlenareal in Willstätt

Die Schuhe ausziehen und die Füße ins frisch sprudelnde Wasser tauchen – dafür gibt es kaum einen schöneren Ort als das Mühlenareal in Willstätt. Dank einer aufwendigen naturnahen Umgestaltung plätschert die Alte Kinzig hier über Weidenstämme und große Steine munter dahin. So entstand für die Wasserbewohner ein vielfältiger Lebensraum mit schnell und langsam fließenden Gewässern. Auch für uns Zweibeiner präsentiert sich das Areal als herrlicher Ort zum Verweilen. Bis zum Fluss reichende Treppen und Stege verführen zum Hinsetzen. Manche zögern erst noch, ob das Wasser nicht vielleicht doch zu kalt sein könnte für ein Fußbad. Aber an warmen Sommertagen lautet die Antwort stets: Nein! Und wer erst noch zaghaft die Zehen in die Kinzig steckt, möchte bald nicht mehr aufstehen vom herrlichen Wasserplatz.

Der Reiz des Mühlenareals liegt natürlich auch an jenem Gebäude, das ihm seinen Namen verlieh. Die Willstätter Mühle wurde Ende des 19. Jahrhunderts errichtet. Danach war sie zeitweise in militärischer Nutzung oder diente als Tabakmanufaktur und BASF-Lager bis zum Leerstand. Dank einer aufwendigen Renovierung präsentiert sich das schöne Gebäude seit 2017 als Mittelpunkt des Ortes, zumal hier die Gemeindeverwaltung ihren Sitz hat. Das gemütliche MühlenCafé gleich nebenan bietet eine kulinarische Rundum-Versorgung für den ganzen Tag: Beginnend vom Frühstück über Kuchenspezialitäten bis zum Feierabendsnack. Entsprechend gestärkt könnte das Willstätter Mühlenareal als Ausgangspunkt dienen für Ausflüge – wer zu Fuß unterwegs ist, hält sich einfach ans Kinziger Flussufer, das von Spazierwegen flankiert wird. Wer es noch sportlicher mag, könnte sich für den 34 bzw. 52 Kilometer langen Mühlen Radweg entscheiden. Neben der Willstätter Mühle führt er auch zu anderen historischen Mühlen in der Ortenau, wie die Kittersburger Mühle oder die Dundenheimer Mühle, die ebenfalls reizvolle Einkehrmöglichkeiten bieten.

TIPP

Im Rahmen der Veranstaltungsreihe „Kult-tour" präsentiert das MühlenCafé auch Kleinkunst.

- Mühlenareal Willstätt, Am Mühlplatz 1, 77731 Willstätt, www.willstaett.de
- ÖPNV: Bus 7136, 7146, Schule Willstätt, wenige Gehminuten

Heimatliebe küsst Fernweh

49 Der Laden Schwarzwald & Meer in Gengenbach

„Die Menschen in Baden und auf den Philippinen haben viel gemeinsam: Genuss und Gemütlichkeit sind in beiden Regionen wichtige Bestandteile des täglichen Lebens", sagt Diana Schatz lachend und liefert damit einen Hinweis, warum ihr Laden seinen Namen bekam: „Schwarzwald & Meer". Zum einen ist da natürlich ihre Verbundenheit zur Heimat in der Ortenau, zum anderen hat sie noch eine zweite Lieblingsregion, und zwar die Philippinen. Dort lebte Diana Schatz für längere Zeit und von dort bezieht sie Barockperlen, die dem Sortiment ihres Ladens einen Hauch von Fernweh verleihen. Die meisten Produkte sind jedoch tief im Schwarzwald verwurzelt. Diana Schatz legt viel Wert darauf, dass ihre Kuckucksuhren, Bilder, Taschen, Kerzenständer und all die anderen Schätze von regionalen Manufakturen stammen. Zu fast allen Herstellern pflegt sie enge Kontakte und einige entwerfen sogar exklusiv für ihren Laden originelle Designs, die es nur in Gengenbach zu kaufen gibt: beispielsweise gewebte Kuscheldecken, verziert mit einem Schwarzwaldmädchen oder XL-Kissen, bedruckt mit Zeichnungen der heimischen Tierwelt.

Nach einer langen Berufslaufbahn im Marketing-Bereich wagte Diana Schatz mit der Eröffnung ihres Ladens im Jahr 2019 nochmal einen beruflichen Neustart, und zwar in einer Lebensphase, in der andere sich langsam auf die Rente vorbereiten. Aber das wäre für die schaffensfrohe Mutter von zwei erwachsenen Töchtern viel zu langweilig gewesen. Zum Glück hat sie den Schritt gewagt, denn mit dem Laden hat sie „ihr Herzensding" gefunden, wie sie begeistert erklärt. Leidenschaftlich gern berät sie ihre Kunden und weil diese immer wieder kommen, durfte sie vor einigen Monaten sogar in ein größeres Ladenlokal umziehen, das in unmittelbarer Nähe zum Gengenbacher Marktplatz liegt. Im Hinterraum wurde eigens ein „Männerparkplatz" eingerichtet, wo geduldige Shopping-Begleiter wahlweise mit Kaffee oder regionalen Spirituosen verwöhnt werden. Hier lautet die Regel „Bitte nicht stressen" oder „Numme nid huddlä", wie es auf Badisch heißt.

TIPP

Nach den „sprechenden" T-Shirts fragen und erleben, wie ein aufgedrucktes Schwein lebendig wird.

● Schwarzwald & Meer, Hauptstraße 25, 77723 Gengenbach, Tel. (01 76) 24 62 78 07
www.schwarzwaldundmeer.de
● ÖPNV: Gengenbach Bahnhof, wenige Gehminuten

Wie aus dem Bilderbuch

50

Die Renchtalhütte in Bad Peterstal-Griesbach

Wenn man sich eine urige Einkehrmöglichkeit in Gedanken ausmalen würde, dann sähe sie vermutlich so ähnlich aus wie die Renchtalhütte: massiv aus Holz gefertigt und gekrönt von einem Schindeldach. Im Sommer quellen üppige Geranien über das Balkongeländer, im Winter säumt sahneweißer Schnee die Balustraden. Ganzjährig ist die Renchtalhütte für Besucher geöffnet und verwöhnt mit behaglichem Flair und typischen Schwarzwälder Köstlichkeiten: Bibeleskäs mit Bratkartoffeln, hausgemachte Maultaschen oder – für Experimentierfreudige – Weinbergschnecken in Kräuterbutter.

Ursprünglich diente die 1954 erbaute Hütte verschiedenen Wander- und Skivereinen aus den benachbarten Orten als Bergstation und Clubheim. Als Hotelier Meinrad Schmiederer, Besitzer des 5-Sterne-Superior-Hotels Dollenberg, die Hütte im Jahr 2001 erwarb, wollte er sich einen lange gehegten Traum erfüllen. Doch schon kurze Zeit später brach im Gebälk ein Brand aus. Zwar eilte die Feuerwehr schnell zur Hilfe herbei, aber die Winterkälte hatte das Wasser in den Schläuchen gefrieren lassen – und so zerstörten die Flammen fast das ganze Gebäude. Trotzdem hielt Meinrad Schmiederer an seinem Traum fest und ließ die Renchtalhütte mit historischem Baumaterial neu aufbauen. Jetzt ist sie noch schöner als zuvor, wirkt aber dennoch so authentisch, als hätte sie nie anders ausgesehen. Für Kinder gibt es einen zusätzlichen Spielplatz samt Streichelzoo, Bewegungshungrige freuen sich über verschiedene Premium-Wanderwege. Eine detaillierte Übersicht über alle Routen ist auf der Internetseite der Renchtalhütte zu finden. Wer eine Tour auswählt, die direkt bei der Hütte startet, sollte sich allerdings gut überlegen, ob gleich zu Beginn eine Einkehr nötig ist – sozusagen als Stärkung für den anstehenden Weg. Denn manch Wanderlustige sind in einem solchen Fall gar nicht mehr aufgebrochen und vergaßen allen sportlichen Ehrgeiz. Der Hüttenzauber war schlicht zu verführerisch.

TIPP

Bei Fondue-, Raclette- und Hüttenabenden genießt man das urige Flair bis in die späten Stunden.

● Renchtalhütte, Rohrenbach 8, 77740 Bad Peterstal-Griesbach, Tel. (0 78 06) 91 00 75, www.renchtalhuette.de

Gesunde Erfrischung

51

Ein Ausflug zum Mineralbrunnen in Ohlsbach

Heiße Sommertage gibt es in der Ortenau reichlich, denn der Oberrheingraben und seine Randzonen gelten als die wärmste Region Deutschlands. Wenn sich das Thermometer mal wieder weit über 30 Grad bewegt, gibt es einen erfrischenden Ausflugstipp: Der Ohlsbacher Mineralbrunnen liegt etwas abseits der Häuser inmitten von Feldern. Dieses versteckte Fleckchen ist perfekt geeignet für all jene, die nicht so gern in volle Schwimmbäder oder zu Badeseen gehen und trotzdem der Hitze entfliehen wollen. Die Anreise erfolgt am besten mit dem Rad – von Offenburg aus ist die Anlage rund 7 Kilometer entfernt und führt am schönen Kinzigdamm entlang. Wer mit dem Auto anreist, findet vor Ort auch einen Parkplatz. Mit jedem Schritt in Richtung der flachen Häuser ist das Rauschen deutlicher zu hören und dann endlich empfängt einen der Mineralbrunnen mit einer angenehmen Kühle.

TIPP

Einen Besuch wert ist auch die Minigolfanlage in Ohlsbach.

Die Luft ist frisch und erinnert wegen der salzigen Note an Seeluft. Es handelt sich hier um ein anerkanntes Heilwasser, das über ein sogenanntes Gradierwerk als Freiluft-Inhalationsanlage genutzt wird. Salzsole rieselt über Bergkiefernreisig und wird dabei mit ätherischen Ölen und aromatischen Harzen angereichert. Die Zweige teilen und zerstäuben die Salztropfen. Das so erzeugte Kleinklima hat eine sekretlösende Wirkung, reinigt die Atemwege und lindert die Beschwerden von Asthmatikern und Pollenallergikern. Ein Kurort im Miniformat also. Wahlweise schlendern die Besucher entlang des sanft plätschernden Wassers oder setzen sich auf eine der Bänke, um das angenehme Klima zu genießen. Als deutlich kühler, aber nicht weniger gesund entpuppt sich das Wassertretbecken nebenan. Hier kann nach den Regeln von Pfarrer Kneipp die Durchblutung gefördert werden. Wer es richtig machen will, stolziert wie ein Storch durchs Wasser und hat jeweils ein Bein im Nassen und eins an der Luft. Manch ein Gast erweist sich eher als heimlicher Beobachter des Storchengang-Spektakels. Humor hat ja auch eine gesundheitsfördernde Wirkung.

- Mineralbrunnen Ohlsbach, 77797 Ohlsbach
- ÖPNV: Bus 7134, 7160, Sparkasse bzw. Schwarzwaldstraße Ohlsbach, etwa 20 Gehminuten

Klipp, klapp!

52 Wandern am Ottenhöfener Mühlenweg

„Es klappert die Mühle am rauschenden Bach, klipp klapp.// Bei Tag und bei Nacht ist der Müller stets wach, klipp klapp", klingt es im bekannten Kinderlied von Ernst Anschütz aus dem Jahr 1824. Schon damals wurde die nicht wenig mühsame Arbeit am Mühlstein mit volkstümlichen Liedern geadelt, was gewiss auch dazu beitrug, dass der Anblick von historischen Mühlen zum Inbegriff der ländlichen Idylle wurde. Wer davon nicht genug bekommen kann, unternimmt eine Wanderung am 12 Kilometer langen Mühlenweg, der in Ottenhöfen startet. Nicht umsonst ist der Luftkurort im Achertal auch als das „Mühlendorf" bekannt.

Startpunkt der Tour ist der Kurgarten beim Ottenhöfener Bahnhof. Von dort aus führt die gut ausgeschilderte Route an insgesamt neun Mühlen vorbei, die teils heute noch im Betrieb sind – wie etwa die „Benz-Mühle am Bach" in Furschenbach. Mit dem plätschernden Mühlrad im Hintergrund kann hier im Biergartenbereich ausgeruht werden, wo Vesperplatten und andere Schwarzwälder Spezialitäten serviert werden. Kinder scharen sich rund um das Tiergehege mit Hühnern und Ziegen. Einen ganz anderen, nicht weniger idyllischen Eindruck vermittelt die Rainbauernmühle, die etwa auf halber Strecke des Mühlenwegs liegt. Sie stammt aus dem 19. Jahrhundert und wurde im Jahr 1974 vom Schwarzwaldverein grundlegend saniert. Diese Anstrengung hat sich gelohnt, denn das Bauwerk an der Acher erweist sich mittlerweile sozusagen als Mühlen-Topmodel. Keine wird so oft fotografiert wie sie. Dabei birgt sie noch eine weitere Besonderheit: Während das Wasser bei anderen Mühlen meist von oben auf die Räder geleitet wird, handelt es sich hier um ein unterschlächtiges Wasserrad, das durch einen Kanal von unten in Bewegung gesetzt wird.

Mit einem Schlenker über Lauenbach mit weiteren Mühlen-Entdeckungen geht der Rundwanderweg wieder zurück zum Kurpark in Ottenhöfen. Das Lied mit dem berühmten „Klipp klapp" könnte von nun an immer an diesen Ausflug erinnern.

TIPP

Die Pension Mühlenhof in Ottenhöfen bietet behagliche Gästezimmer und Ferienwohnungen.

- Mühlenweg Ottenhöfen, www.ottenhoefen.de
- ÖPNV: Bahnhof Ottenhöfen, wenige Gehminuten

Vom Knast zum Palast

53

Das Hotel Liberty in Offenburg

Ursprünglich war diese Adresse genau das Gegenteil eines Glücksorts, denn niemand kam freiwillig hierher. Mehr als 160 Jahre dienten die Gemäuer als Offenburger Stadtgefängnis, bis eine zeitgemäße Strafvollzugsanstalt das antiquierte Gebäude mit trutzigen Backsteinmauern und schmalen Gitterfenstern überflüssig machte. Als bald darüber gemunkelt wurde, ausgerechnet hier solle ein Luxushotel entstehen, dachten viele an einen Scherz. Wer jedoch heute das Foyer des Hauses betritt, kann sich kaum noch vorstellen, dass die Bewohner einst vom Ausbruch träumten und nicht – wie heute – von einem möglichst langen Aufenthalt.

Ein lichtdurchfluteter Kubus aus Glas und Stahl, der die beiden ehemaligen Zellengebäude verbindet, empfängt die Gäste. In diesem spektakulären Raum befinden sich die Rezeption, die Lobby, die Bar und das Restaurant – Letzteres heißt „Wasser & Brot" und serviert keine karge Gefängniskost, sondern fantasievolle Küche aus regionalen Zutaten, vieles davon zubereitet am offenen Grill. „Liberty is the key to feel free" leuchtet es von der Wand. Das Hotel versucht keineswegs seine Geschichte zu verbergen, im Gegenteil: Die Vergangenheit wurde auf kreative Art ins Designkonzept einbezogen, und zwar so gekonnt, dass die Offenburger Adresse preisgekrönt ist und in internationalen Architektur-Magazinen aufgelistet wird zwischen Designhotels aus Berlin, London oder New York. Die restaurierten Original-Zellenpforten dienen beispielsweise als Wandschmuck ebenso wie historische Fotos aus der Gefängnis-Ära. Dazwischen befinden sich die modernen Türen, die zu den luxuriös ausgestatteten Zimmern und Suiten führen. Im Hotel sind übrigens auch alle neugierigen Passanten willkommen, die sich nur umschauen und dabei vielleicht einen Drink in der Hotelbar genießen möchten. Außerdem finden Familienfeste und Hochzeiten statt. Das ehemalige Gefängnis erweist sich als fröhlicher Ort der Begegnung – positiver lässt sich Geschichte kaum neu erfinden.

TIPP

Das Hotel Liberty lädt regelmäßig zu kulinarischen Events und Partys mit Livemusik ein.

- Hotel Liberty, Grabenallee 8, 77652 Offenburg, Tel. (07 81) 28 95 30 00 www.hotel-liberty.de
- ÖPNV: Bus R2, S2, S6, 7141, Rathaus/Zentrum Offenburg, wenige Gehminuten

Ein Park für Amélie

54

Spaziergang durch den Lahrer Stadtpark

Hätte eine charmante Französin dem reichen Kaufmann Christian Wilhelm Jamm nicht den Kopf verdreht, gäbe es den Stadtpark in Lahr vermutlich nicht in seiner heutigen Form. Aber der Reihe nach: In Havanna reich geworden durch den geschickten Handel mit Baumwoll- und Seidenstoffen kehrte der gebürtige Lahrer nach 20 Jahren wieder zurück nach Europa, wo es ihn zunächst nach Paris verschlug. Dort genoss Christian Wilhelm Jamm das mondäne Leben und lernte Amélie de Cantillon kennen. Um seine Angebetete in die badische Heimat zu locken, ersann er einen romantischen Plan, als der alte Lindengarten im Westen von Lahr zum Verkauf stand. Der hoffnungsfroh Verliebte ließ in den Jahren 1859 bis 1861 von einem Pariser Architekten eine schlossähnliche Villa erbauen. Um die herum sollte ein großbürgerlicher englischer Garten entstehen, inklusive französischer Raffinessen wie einem Seerosenteich, einem Pavillon und einem Wintergarten – kurz gesagt ein „jardin anglais à la française". Trotz aller Bemühungen weigerte sich Amélie de Cantillon jedoch, nach Lahr zu ziehen und deshalb verschanzte sich Christian Wilhelm Jamm einsam auf seinem traumhaften Anwesen.

TIPP

Regelmäßig finden im Park auch Konzerte, Lesungen oder Themenführungen statt.

Damit hätte die Geschichte tragisch enden können, doch der gescheiterte Galan vermachte das Areal im Testament großzügigerweise seiner Heimatstadt. So konnte der Park später für die Öffentlichkeit zugänglich gemacht und liebevoll erweitert werden. Das 4,5 Hektar große Areal umfasst heute ein Labyrinth, ein Tiergehege, einen Kinderspielplatz, einen Rosegarten, eine Rhododendron-Anlage und vieles mehr. Jede Jahreszeit hat hier ihren eigenen Reiz. Im Frühling bilden Tulpen einen bunten Blütenteppich, im Sommer duften Tausende Rosenblüten und im Herbst liefern sich bunt gefärbtes Laub und üppige Chrysanthemen einen Wettstreit der Farben. Stundenlang möchte man dann auf einer der Bänke am See verweilen – und sich insgeheim darüber wundern, dass sich Amélie de Cantillon von diesem herrlichen Ort nicht hatte bezirzen lassen.

- Stadtpark Lahr, Am Stadtpark 4, 77933 Lahr, Tel. (0 78 21) 9 10 01 28
www.stadtparklahr.de
- ÖPNV: Bus 106, 7141, Stadtpark Lahr

Köstliche Heimatliebe

55 Shoppen in der Markt-Scheune in Berghaupten

Während die einen im Supermarkt akribisch nach den wenigen regionalen Produkten suchen, gehen andere einfach in die Markt-Scheune und greifen dort nach Herzenslust zu. Denn hier stammt das gesamte Angebot von Lieferanten aus der Umgebung: Gemüse, Fleisch, Fisch, Milchprodukte, Säfte, Wein und vieles mehr. Rund 200 Landwirte und Lebensmittelmanufakturen beliefern das Geschäft in Berghaupten. Einige Spezialitäten wie das Holzofenbrot oder das Bio-Weiderind stammen von der Inhaberfamilie Müller. Sie eröffneten diese Einkaufsmöglichkeit im Jahr 2011, um Kunden ein bäuerliches Vollsortiment anbieten zu können – im Gegensatz zu kleinen Bauernhofläden, die meist nur wenige Produkte führen, findet sich in Berghaupten eine breit gefächerte Angebotspalette inklusive origineller Schwarzwälder Geschenkartikel. Da alles ansprechend im gemütlichen Scheunenambiente präsentiert wird, erweist sich der Laden auch optisch als Gegenentwurf zur sterilen Supermarktatmosphäre. Anders als im Discounter tummeln sich manche Gäste gleich mehrere Stunden in der Markt-Scheune – was auch daran liegt, dass einem der Aufenthalt so genussvoll wie möglich gemacht wird.

Im angrenzenden Scheunenrestaurant lässt sich wunderbar verweilen. Hier dienen nostalgische Milchkannen und bäuerliches Handwerkszeug als Deko. Zwischen den Sitzplätzen stapelt sich Feuerholz und sorgt für einen urigen Hüttenlook. Vom Frühstück bis zur abendlichen Vesper reicht das kulinarische Angebot. Außerdem gibt es Kuchen und Torten aus der hauseigenen Konditorei. Wer von der klassischen Schwarzwälder Kirschtorte oder dem veganen Streuselkuchen nicht genug bekommen kann, nimmt später ein Stück mit nach Hause. Noch eine Extrarunde durch den Laden zu drehen, macht in Berghaupten keine Mühe. Dann darf auch gleich noch ein Kräutertee mit dazu und die frische Erdbeermarmelade und der Eierlikör mit Haselnüssen. Mal sehen, was sonst noch alles lockt …

TIPP

Mit den Frühstücksboxen to go gibt es den Bauernhofgenuss fürs eigene Zuhause.

● Markt-Scheune, Auf dem Grün 1, 77791 Berghaupten, Tel. (0 78 03) 9 27 98 11
www.markt-scheune.com

Glüh-Gin Wild
Apfel/Birne
Apfel/Kirsch € 9,90
Heimat

Ab auf die Insel!

56

Die Wasserwelt Rulantica in Rust

Eine teure VR-Brille aufsetzen und dann den Kopf ins Wasser eintauchen – das sollte man der Technik zuliebe besser nicht machen. Eine Ausnahme für diese Empfehlung gilt beim weltweit ersten Diving-Theatre, das sich in der Wasserwelt Rulantica in Rust befindet. Hier schnorchelt der Badegast im echten Nass und erlebt zugleich über die VR-Brille ein digitales Unterwasserabenteuer. Für die Familie Mack wäre es natürlich zu langweilig gewesen, einfach nur einige Rutschen samt Becken anzubieten. Als die Inhaber des Europa-Parks (siehe Glücksort 25) im Jahr 2019 zusätzlich noch eine eigene Wasserwelt eröffneten, musste es etwas ganz Besonderes sein. Die Besucher erkunden eine komplette Abenteuerinsel – Rulantica genannt – überspannt von einem riesigen Holzdach. Zur Anlage zählen eine Stadt auf Stelzen, riesige Ungeheuer, ein Wellenbad, eine Lagune und Dutzende spektakuläre Rutschen, die rätselhafte Namen tragen wie Vragrok oder Kullerbuller. Diese Bezeichnungen erinnern ein bisschen an Möbel einer schwedischen Kette, was kein Zufall ist, denn die Wasserwelt ist nordisch inspiriert.

Wer eine der mysteriös klingenden Rutschen ausprobieren möchte, sollte sich vorher erkundigen, was ihn erwartet. Dugdrop beispielsweise entzieht den Besuchern im wörtlichen Sinn den Boden unter den Füßen und führt nahezu im freien Fall nach unten. Vinter Rytt enthält eine Art Halfpipe, die mit dem Reifen erklommen wird, und bei Stormrok verschluckt ein Trichter die Passagiere, um sie später wieder auszuspucken. Wer lieber chillen möchte, besucht die Hyggedal-Saunawelt, wo nach Wunsch ein privater Liegebereich gemietet werden kann – und zwar nicht durch das Reservieren mit Handtüchern, sondern online und gegen einen Aufpreis. Nicht zu vergessen die Möglichkeit, im warmen Wasser zu plantschen und dort einen Drink zu genießen. An ein Inselleben dieser Art kann man sich durchaus gewöhnen und selbst wenn der Besuch nur ein paar Stunden dauert, liegt Urlaubsflair in der Luft.

TIPP

Kinder können täglich kostenlos ein Rutschabzeichen erwerben und dabei das richtige Rutschen üben.

● Rulantica, Roland-Mack-Ring 1, 77977 Rust, Tel. (0 78 22) 77 66 55
www.europapark.de/de/rulantica
● ÖPNV: Bus 7231, Rulantica Rust

Lebendige Geschichte

57 Der Vogtsbauernhof in Gutach

Es gibt diese Museen, in denen Besucher den Objekten bloß nicht zu nahe kommen dürfen. Geschieht es doch, piept die Alarmanlage oder Security-Mitarbeiter eilen mit strengem Blick herbei, um die Übeltäter zu mehr Distanz zu mahnen. Das Freilichtmuseum in Gutach zählt nicht zu dieser Kategorie. Hier darf und soll alles genau erkundet werden. Von Raum zu Raum laden historische Bauernhäuser dazu ein, in die Vergangenheit einzutauchen. Als Ergänzung dazu zeigen Handwerkskünstler wie etwa ein Besenbinder oder eine Bollenhutmacherin ihre traditionellen Techniken. In der Museumswerkstatt dürfen Klein und Groß unter fachkundiger Anleitung eigene Werkstücke herstellen. Und danach gönnt man sich vielleicht noch ein herrlich duftendes Brot, frisch zubereitet im historischen Backhaus. Nebenan blökt ein Schaf und ein Schwein grunzt zufrieden.

Steif geht es in Gutach nun wirklich nicht zu und darin begründet sich auch die Popularität des ältesten und besucherstärksten Freilichtmuseums in Baden-Württemberg. Seinen Namen hat die Anlage von dem „Vogtsbauernhof" genannten Schwarzwaldhaus, das 1612 erbaut und im Jahr 1963 als Museum eröffnet wurde. In den folgenden Jahrzehnten wuchs die Anlage um immer wieder neue typische Bauernhäuser der Region – aufwendig an den Originalstandorten abgetragen und detailgenau wieder aufgebaut. Dabei befindet sich das Anwesen dauerhaft im Wandel: Weitere Baudenkmäler kommen hinzu wie das Ortenauhaus, das 2023 eröffnet werden soll. Jedes Jahr gibt es Wechselausstellungen, die teils auch einen kritischen Blick auf die Vergangenheit werfen und das Klischee von der heilen Welt des Landlebens hinterfragen. Der Alltag in den dunklen Bauernhäusern war beschwerlich und eher unromantisch. Ganz ohne pädagogischen Fingerzeig erleben Besucher insgeheim ein tiefes Gefühl der Wertschätzung gegenüber dem heutigen Komfort, der einst utopisch erschien. Selten wirkt Kulturgeschichte so eindringlich nach.

TIPP

Der Vogtsbauernhof bietet auch vielfältige Kreativ-Workshops für Erwachsene an.

● Vogtsbauernhof, 77793 Gutach, Tel. (0 78 31) 46 79 35 00, www.vogtsbauernhof.de
● ÖPNV: Bahnhof Gutach/Freilichtmuseum

Bewegende Vergangenheit

58 Streifzug durch die Illenau in Achern

Wer die Historie dieses markanten Gebäudes nicht kennt, denkt vielleicht zunächst an ein Schloss oder ein Kloster – deshalb lohnt sich ein Besuch des hauseigenen Museums, das über das Bistro-Café zu erreichen ist und keinen Eintritt kostet. Auf multimediale Art entführt es in die außergewöhnliche Geschichte des Hauses. „An einem der schönsten Punkte des schönen badischen Landes" wollte Medizin-Pionier Christian Friedrich Wilhelm Roller seine neuartige Nervenheilanstalt erbauen – eine Alternative zu den mangelhaften Irrenanstalten, in denen die Patienten eher verwahrt als geheilt wurden. Auf einem am Waldesrand gelegenen Grundstück in Achern bot sich der ideale Standort für die wegweisende Einrichtung und so konnte 1842 die Großherzogliche Badische Heil- und Pflegeanstalt Illenau eröffnet werden. Die Patienten genossen in den folgenden Jahrzehnten eine fürsorgliche Betreuung und vom Geist der Aufklärung inspirierte Therapien, bei denen Natur, Malerei und Musik eine wichtige Rolle spielten.

Die Erfolgsgeschichte der medizinischen Anstalt endete später jäh und düster, als das Nazi-Regime die Verschleppung vieler Kranker in Tötungsanstalten veranlasste. Nach dem Zweiten Weltkrieg wurde das Areal bis 1992 von der französischen Besatzungsmacht zur Kaserne umfunktioniert. Diese Zeit war zunehmend von einer Wiederannäherung geprägt, sodass sich viele deutsch-französische Freundschaften entwickelten. Heute sind hier Wohnhäuser, das Rathaus, Kreativwerkstätten und vieles mehr untergebracht. Auch hierzu liefert das Museum einen guten Überblick.

Nach dem Streifzug durch die wechselhafte Geschichte der Illenau dürfen sich die Besucher eine Stärkung im Café gönnen. Bei dem Lokal handelt es sich um ein Inklusionsunternehmen, das Menschen mit Behinderung eine feste Arbeitsstelle bietet. Bei schönem Wetter kann man draußen sitzen, mit Blick auf die schlossartige Anlage – die freilich kein Schloss ist, aber womöglich viel mehr als das.

TIPP

In den Illenau-Werkstätten finden regelmäßig Kreativ- und Kulturveranstaltungen statt.

● Illenau, Illenauer Allee 75, 77855 Achern, Tel. (0 78 41) 6 42 19 00
www.illenau-arkaden.de
● ÖPNV: Bus 7124, Illenau Achern

Herzliches Beisammensein

59 Die Straußwirtschaft Sieferle in Ortenberg

Ein draußen an der Straße befestigter Besen weist oft den Weg zu diesen besonderen Lokalen, weshalb sie nicht nur „Straußwirtschaft", sondern auch „Besenwirtschaft" genannt werden. Hierbei handelt es sich um saisonal geöffnete Gastbetriebe von Winzern, die ihren eigenen Wein kredenzen und dazu kleinere Gerichte servieren. In der Ortenau gibt es eine ganze Reihe davon. Eine besonders schöne Variante betreibt Familie Sieferle seit 1993 in Ortenberg – wobei ihr Lokal wegen der verlängerten Öffnungszeiten mittlerweile im rein bürokratischen Sinne keine ganz echte Straußwirtschaft mehr ist, was dem authentischen Flair aber keinen Abbruch tut.

Urige Innenräume und ein lauschiger Innenhof empfangen die Gäste. Hier lautet das Credo: Weniger ist mehr. Die Speisekarte unterliegt dem Wandel der Jahreszeiten. Zu den hauseigenen Weinen und Klassikern der badischen Vesperküche gibt es im Frühling badischen Spargel, im Sommer mediterrane Quiches und im Herbst würzige Kürbissuppe. Vom Schinken im Brotteig bis zum Flammenkuchen ist jede Speise selbstgemacht. Dabei helfen alle drei Generationen der Familie Sieferle mit – mal in der Küche, mal an der Theke. Das ganze Ambiente ist so ungezwungen und locker, dass schnell ein Gefühl entsteht, zu Gast bei Freunden zu sein.

TIPP

Die stimmungsvollen Vollmond- oder Märchenabend-Events in den Ortenberger Weinbergen besuchen.

Zu dieser herzlichen Atmosphäre tragen auch die Events bei, die Sabine Sieferle regelmäßig organisiert. Einiges wird relativ spontan geplant und auf den Social-Media-Kanälen kommuniziert, nach dem Motto: Wer hat heute Abend Lust auf einen Sundowner in den Weinbergen? „Unser Weingut soll ein Ort der Geselligkeit sein", sagt die Straußenwirtin. Nicht zufällig gibt es im Lokal einige besonders große Tische – sie sollen dazu einladen, dass kleinere Gruppen nebeneinander Platz nehmen und ungezwungen miteinander ins Gespräch kommen. Wer weiß, vielleicht entstehen daraus Bekanntschaften fürs Leben?

- Weingut Sieferle, Käfersbergweg 7, 77799 Ortenberg, Tel. (07 81) 3 27 66
www.sieferle.de
- ÖPNV: Bus 7134, 7160, Schule Ortenberg, etwa 15 Gehminuten

Abstecher ins Mittelalter

60 Die Ruine Schauenburg in Oberkirch

Wer gut zu Fuß ist, sollte sich dieses Ausflugsziel Schritt für Schritt erarbeiten – wobei auch die Möglichkeit besteht, mit dem Auto bis fast ganz nach oben zu fahren. Vom Oberkircher Zentrum ist die Ruine Schauenburg etwa 2 Kilometer entfernt. Der Weg entlang der Burgstraße ist zwar durchaus steil, aber für die Strapaze entlohnt ein wunderbarer Ausblick. Außerdem wartet da natürlich die imposante Burgruine, die einen spannenden Eindruck vom einstigen Leben im Mittelalter vermittelt.

Zwischen 1070 und 1090 wurde die Anlage von Herzog Berthold II. von Zähringen an strategisch bedeutsamer Stelle erbaut, sozusagen um den Eingang des Renchtals zu bewachen. Ursprünglich mit zwei Ringmauern und mächtigen Wohntürmen geplant, erwies sich die Schauenburg über Jahrhunderte als Bollwerk, das von Belagerern kaum einzunehmen war. Heute allerdings erobert die Natur das Anwesen zurück und verleiht der Ruine einen wild-romantischen Charme, dem man sich kaum entziehen kann. Frische Wiesen wachsen dort, wo sich einst der Hofstaat hinter trutzigen Mauern verschanzte. Bäume gedeihen zwischen den beiden verbliebenen Wohntürmen und während Letztere gegen die Verwitterung ankämpfen, strecken sich die Zweige munter dem Licht entgegen. Familien treffen sich hier, um dem Nachwuchs einen Eindruck vom Leben aus Ritter Lanzelots Zeiten zu vermitteln. Andere suchen sich ein ruhiges Plätzchen, um zu lesen. Vielleicht einen der neuen Historienromane von der beliebten Ortenauer Autorin Heidrun Hurst? Ihr Spezialgebiet sind spannende Bücher, die in der Zeit des Mittelalters spielen.

Wer das schöne Ambiente mit kulinarischem Genuss verbinden möchte, kehrt in der Burgwirtschaft nebenan ein. Hier werden Kaffee und Kuchen, regionale Weine und badische Vesperspezialitäten serviert. Im Sommer finden regelmäßig Livekonzerte statt und im Advent gibt es Glühwein, Stockbrot und Lichterglanz.

TIPP

Den Sonnenuntergang über dem Renchtal von der Burgruine aus bestaunen.

Ruine Schauenburg, Burgstraße 29, 77704 Oberkirch
www.renchtal-tourismus.de

Unverpackt und anders

61 Einkaufen und Einkehren im LoLo in Kehl

Ein Turm mit einem Kreuz obendrauf weist den Weg zu dieser besonderen Adresse. Cafétische spiegeln sich in der gläsernen Front des Gebäudes. Auf einem Spielplatz tummeln sich Kinder. Wer hier zum ersten Mal vorbeikommt, bleibt automatisch stehen und wird neugierig: Was befindet sich in dem außergewöhnlichen Gebäude? Die Antwort auf diese Frage steckt hinter der Eingangstür. Dort erwartet die Gäste ein außergewöhnlicher Unverpacktladen mit einer himmelhohen Decke und kunstvollen Buntglasfenstern. Ein ehemaliges Kirchengebäude sollte – nach seiner offiziellen Entweihung – weiterhin einem gemeinschaftsfördernden Zweck dienen. So wurde im Oktober 2021 ein Unverpacktladen mitsamt integriertem Café eröffnet. Beides trägt den Namen „Das LoLo – lose & lokal".

TIPP
Das Gebäude verfügt auch über zwei Ferienwohnungen, die direkt im Turm untergebracht sind.

In dem Gebäudekomplex befinden sich außerdem ein schmuckes Yoga-Studio und diverse Beratungsangebote für Körper und Seele. Das Herzstück jedoch ist das LoLo, bei dem es sich um eine Genossenschaft handelt. Wer möchte, kann hier selbst Anteile erwerben und die Geschäftsidee unterstützen. Wobei natürlich auch jeder Einkauf oder Cafébesuch das nachhaltige Konzept fördert. Möglichst wenig Verpackung und ein Fokus auf eine ökologische Produktion ohne weite Transportwege zeichnen das facettenreiche Sortiment aus. Hier gibt es nicht nur Lebensmittel, sondern auch Haushaltsreiniger und Pflegeprodukte, allerlei Geschenkideen und vieles mehr.

Ebenso abwechslungsreich ist das Angebot im Café. Viele Gerichte sind vegetarisch oder vegan. Die Mittagskarte unterliegt dem Wandel der Jahreszeiten. Dazu finden sich auf der Karte verlockende Frühstücksangebote, Burger, Sandwiches, Kuchen und weitere Köstlichkeiten. Zu den Themen Ernährung, Gesundheit, Nachhaltigkeit und Kreativität bietet das LoLo sogar eigene Kurse an und dazu kommen noch Events wie Frühlingsfeste oder Weihnachtsmärkte. Treffpunkt ist natürlich stets das Gebäude mit dem markanten Turm. Wer einmal weiß, was hier alles los ist, kommt sowieso immer wieder.

- Das LoLo – lose & lokal, Martin-Luther-Weg 11a, 77694 Kehl, Tel. (0 78 51) 7 95 55 95 www.das-lolo.de
- ÖPNV: Bus 106, 301, 7144, Sundheim Martin-Luther-Weg/Kehl, wenige Gehminuten

DAS LOLO
DAS LOLO

Schlicht und einfach gut

62 Die Töpferei Treiber in Ettenheimmünster

Es ist relativ leicht, den Weg in die Keramikwerkstatt zu finden. Als Orientierung dient die barocke Wallfahrtskirche St. Landelin, deren imposante Größe für einen kleinen Ort wie Ettenheimmünster überraschend ist. Mehrmals am Tag hält hier der Regionalbus. Außerdem ist die Gemeinde am munter dahinplätschernden Ettenbach ein idyllisches Ziel für Wander- oder Radausflüge. Wer dabei Becher und Geschirr vergessen hat, um die mitgebrachte Vesper stilvoll zu verzehren, muss sich nicht ärgern – all das und vieles mehr bietet die Töpferei Treiber, die sich gegenüber der Wallfahrtskirche befindet. Laden und Werkstatt erstrecken sich über drei Stockwerke eines historischen Fachwerkhauses von 1838, in dem einst eine Gastwirtschaft untergebracht war.

Bereits vor dem Eingang lockt ein Regal voller handgefertigter Pflanzkästen. Bei näherer Betrachtung zeigen sich märchenhafte Gesichter auf den Töpfen: vorwitzige Wasserspeier im Miniaturformat, die jedem Gefäß einen individuellen Charakter verleihen und dabei dem praktischen Nutzen dienen, mögliche Staunässe zu vermeiden. So ist das mit allen Stücken aus der Töpferei Treiber. Sie sind funktionell und trotzdem besonders, ohne kitschig zu wirken. Dekore mit Bollenhut-Optik gibt es hier nicht, dafür aber zeitlos schöne Unikate in einem gedeckten Farbspektrum. Seit über 25 Jahren widmet sich Jörg Treiber der Herstellung hochwertiger Gebrauchskeramik und lässt sein Geschirr meist als frei gedrehte Kleinserie auf der Töpferscheibe entstehen. Alle Glasuren sind Eigenentwicklungen aus mineralischen Bestandteilen, die von Hand mit Pinsel und Malhorn aufgetragen werden. Der Brand erfolgt bei 1260 Grad im Gasofen, sodass die Gebrauchskeramik später spülmaschinentauglich ist. Besucher, die sich genauer für die Entstehung der Terrakotta- und Steinzeugprodukte interessieren, führt Jörg Treiber gern durch seinen Arbeitsbereich. Zum Abschied grinsen noch die Wasserspeier – vielleicht schwingt sogar ein Lächeln mit.

TIPP

Jedes zweite März-Wochenende findet der bundesweite „Tag der offenen Töpferei" statt.

- Töpferei Treiber, Münstertalstraße 17, 77955 Ettenheim, Tel. (0 78 22) 83 01 www.toepferei-treiber.de
- ÖPNV: Bus 114, Ettenheimmünster Kirche, wenige Gehminuten

Rosige Augenblicke

63 Picknick im Moosbach Garden in Nordrach

Die Anfahrt zu diesem eher versteckt gelegenen Ziel erfolgt in der Regel mit dem Auto. Wer die Adresse im Navigationsgerät eingibt, sollte darauf achten, dass die vorgeschlagene Route über Nordrach führt und nicht über die schmalen Pfade rund um die Kornebene. Diese sind mit dem Pkw nur mühsam zu befahren – viel angenehmer reist es sich von Nordrach aus auf der gut befestigten Talstraße, die zu einem wahren Paradies mitten im Wald führt. Auf einer Fläche von etwa 1,5 Hektar schufen Andrew und Thomas Huber einen terrassenförmig angelegten Garten, in dem unter anderem mehr als 600 Rosenstöcke blühen. Und als wäre diese Oase nicht schon Blumenfreude genug, bieten die Gastgeber neben ihren vier liebevoll eingerichteten Pensionszimmern auch noch einen ganz besonderen Service: Nach Voranmeldung werden nachmittags Picknickkörbe vorbereitet, die reich bestückt sind mit feinen Leckereien wie Obstsalat und Cocktails im Glas, gefüllten Wraps, Flammkuchenstangen, Muffins und vielem mehr. Auch eine Picknickdecke gehört zur Ausstattung. Sie darf überall im Garten ausgelegt werden. Manche Gäste wechseln zwischendurch mal den Platz, denn das Grundstück ist so vielseitig gestaltet, dass jede Ecke einen herrlichen Ausblick bietet – und dazu einen feinen Blumenduft.

TIPP

Andrew und Thomas Huber bieten eine große Auswahl von David Austin-Rosenstöcken auch zum Verkauf an.

Nicht zufällig gedeihen auf dem Grundstück hauptsächlich englische Rosen vom renommierten Rosenzüchter David Austin. Andrew Huber stammt aus der Grafschaft Yorkshire und auch Thomas lebte zwölf Jahre lang in Großbritannien, wo er in verschiedenen Hotels im Management arbeitete. Im Schwarzwald erfüllten sich beide den Traum einer eigenen Pension samt Garten – wobei Letzterer sich fortwährend verändert. „Wenn einen die Gärtnerleidenschaft mal gepackt hat, kann man schwer damit aufhören“, sagt Thomas Huber, der ständig weitere Ideen im Kopf hat, um das Anwesen noch schöner zu gestalten. Zur großen Freude seiner Picknickgäste, die ein Paradies im ständigen Wandel erleben.

● The Moosbach Garden, Moosbach 6, 77787 Nordrach, Tel. (0 78 38) 3 86 99 90
www.moosbach.garden

Ort der Entschleunigung

64 Das Studio Jilg in Berghaupten

Bin ich hier richtig? Das denkt sich vielleicht der ein oder andere, wenn er sich auf den Weg zum Studio Jilg macht. Die Adresse führt mitten hinein ins Gewerbegebiet von Berghaupten – eine Gegend, in der man keinen Laden erwartet, in dem die Themen Wohnen und Wohlfühlen im Mittelpunkt stehen. Doch dann taucht schon das schicke Studio auf und bereits der Blick durch die Fensterfronten ist verheißungsvoll. Drinnen empfängt die Besucher sanfte Musik und Kräuterduft. Außerdem heißt Familie Jilg die Gäste herzlich willkommen. Die einen möchten in Ruhe durch den zweistöckigen Showroom stöbern, die anderen suchen etwas ganz Bestimmtes und wissen, dass sie fachkundig beraten werden. Hier versammelt sich kein beliebiger Mix an Trendartikeln, sondern ein sorgsam zusammengestelltes Sortiment. Und zu jedem Stück gibt es eine Geschichte zu erzählen.

Ursprünglich diente das Studio nur als Showroom für die familiengeführte Schreinerei Jilg. Nach und nach ergänzten die Schwestern Stefanie und Kathrin sowie ihre Mutter Anneliese das Angebot, nachdem sie Weiterbildungen in den Bereichen Kräuterheilkunde, Yoga und Ayurveda absolviert hatten. So findet sich – neben den handgefertigten Möbeln – eine inspirierende Auswahl an Tees, Klangschalen, Wellness-Mode und vielem mehr. Alle Produkte stammen aus nachhaltig arbeitenden Manufakturen oder sind von den Gastgebern selbst gemacht. Stefanie Jilg entwickelt zum Beispiel wohltuende Räuchermischungen mit Namen wie „Heiterkeit" oder „Seelentröster". Auch die Auswahl an Kräutersalzen sowie die selbst gemachten Nudeln stammen aus eigener Produktion. Wer ähnliche Dinge einmal selbst herstellen möchte, kann an einem der hauseigenen Workshops rund um die Bereiche Kräuter, Ernährung und Gesundheit teilnehmen. Es ist kein Zufall, dass viele Kunden den Besuch im Studio Jilg als Momente der Entschleunigung erleben. Und ein Stück davon darf man sich auch mit nach Hause nehmen – vielleicht eine Kerze oder einen bequemen Stuhl oder eine duftende Portion Heiterkeit.

TIPP

An den Wochenenden gibt es nach Vorbestellung hausgemachtes Bio-Frühstück zum Mitnehmen.

- Studio Jilg, Untere Gewerbestraße 15, 77791 Berghaupten, Tel. (07 80 3) 93 86 16 www.studiojilg.de
- ÖPNV: Bus 7134, Linde Berghaupten, wenige Gehminuten

Ein Hoch auf die Pause!

65 Unterwegs auf dem Harmersbacher Vesperweg

Was in Bayern als Brotzeit bekannt ist und in Österreich als Jause, heißt hier Vesper. Eigentlich ist es eine Zwischenmahlzeit, die sich gern zum ausgiebigen Festschmaus entwickelt – gerade dann, wenn sie in einer besonderen Umgebung stattfindet. Genau das ist bei der Vesper ganz wunderbar möglich, denn hier kommen kalte Speisen auf den Tisch, die sich gut im Rucksack mitnehmen lassen. Im Schwarzwald schlemmt man klassischerweise den regionalen Schinken mit Bauernbrot. Vegetarier packen noch reichlich Käse dazu und frische Zutaten wie Radieschen, Tomaten oder Gurken. Wer jetzt noch auf der Suche nach einer besonderen Vesperlocation ist, fährt mit Auto oder Bahn zur Touristen-Information Oberharmersbach. Hier startet der fantasievoll angelegte Harmersbacher Vesperweg. Die mittelschwere Rundstrecke ist insgesamt etwa 14 Kilometer lang. Was sie besonders auszeichnet, sind die originell gestalteten Rastplätze samt wunderbarer Panoramablicke auf den Mittleren Schwarzwald.

TIPP

Am Ende der Strecke liegt das Schwimmbad Oberharmersbach. Also Badesachen nicht vergessen!

Schon nach den ersten Wanderminuten fällt eine Art Hobbit-Häuschen ins Auge: der Donissis Hofladen. Hier können noch schnell die Vespervorräte aufgefüllt werden, ehe es weitergeht zur ersten Gelegenheit, um das frisch Gekaufte zu probieren. In einen 30 Meter langen Baumstamm wurden auf kreative Art viele verschiedene Sitzmöglichkeiten eingearbeitet, sodass immer ein Plätzchen frei ist. Gut gestärkt lockt wenig später die nächste Vespermöglichkeit. Beim Wegabschnitt auf den Langenberg zeigt sich eine Baumwiege, die zur Pause und womöglich zum kleinen Schläfchen verführt. Entsprechend ausgeruht geht es weiter in Richtung „Schmusehisli": ein Mini-Chalet mit integrierter Liege aus Holz, die nicht nur Verliebten einen wunderbaren Rastplatz gewährt. Außerdem bietet sich auch noch die Möglichkeit, im Harkhof einzukehren oder auf einer rustikalen Hollywood-Schaukel zu entspannen. Erst wenn alle Vespervorräte verzehrt sind, wird es Zeit für den Rückweg.

- Harmersbacher Vesperweg, Tourist-Information Oberharmersbach www.oberharmersbach.de
- ÖPNV: Bahnhof Oberharmersbach Dorf, wenige Gehminuten

Wo der feine Rebsaft wohnt

66

Das Weinhotel Pfeffer & Salz in Gengenbach

Das gewölbte Dach erinnert an einen Weinkeller und ist zugleich eine Hommage an die Klosterstadt Gengenbach – dabei präsentiert sich dieser Ort als hell und lichtdurchflutet. Viel Glas kombiniert mit Holz prägt die Architektur des Verkostungsraums im Weinhotel Pfeffer & Salz. Selbst die Wände aus Lehm sind nicht zufällig gewählt, denn die meisten Rebsorten in der Ortenau bevorzugen lehmige Böden. Der außergewöhnliche Raum ist das Herzstück des Hotels und dient als Vinothek, Lobby und Rezeption. Auf der einen Seite geht es zu den Hotelzimmern, die mit ausgewählten kreativen Kunstwerken von Reben & Co ebenfalls das vinophile Flair des Hauses widerspiegeln. Auf der anderen Seite lädt das gemütliche Restaurant zu Winzer-Menüs ein, bei denen selbstverständlich die hauseigenen preisgekrönten Rieslinge oder Spätburgunder kredenzt werden.

Die Verbindung von Weingut und Hotel unter einem Dach ist einmalig für die Region – und wäre wahrscheinlich nicht zustande gekommen, hätten sich die Inhaber Julia und Simon Huber nicht kennengelernt. Julia stammt aus einer Gastronomiefamilie und wollte selbst schon immer Wirtin werden. Simon hatte bereits seinem Onkel bei der Weinlese geholfen, weshalb bald auch sein Traumberuf feststand: Winzer. So brachten beide ihre Herzensprojekte mit in die Ehe, was sich als ideale Ergänzung erweisen sollte: Ein Hotel speziell für Weinliebhaber passt ideal zur Ortenau. Gerade seit dem neuen Anbau im Jahr 2019, bei dem unter anderem auch die gläserne Vinothek realisiert wurde, tummeln sich hier Fans von badischen Weinen. Manche kommen von weither, andere ganz aus der Nähe, um sich eine kurze Auszeit zu gönnen. Erholsam ist der Besuch für alle, denn das Haus befindet sich am Rand von Gengenbach und liegt mitten im Grünen. Ein idealer Ausgangspunkt für Spaziergänge durch die Weinberge. Und danach vielleicht einen Abstecher in die Fass-Sauna? Abends wird auf jeden Fall mit Wein angestoßen – denn der ist hier ohnehin zu Hause.

TIPP

Das „Weinprobiernächtle“ umfasst ein 4-Gänge-Winzerüberraschungsmenü mit Weinbegleitung.

● Weinhotel Pfeffer & Salz, Mattenhofweg 3, 77723 Gengenbach, Tel. (0 78 03) 9 34 80, www.pfefferundsalz-gengenbach.de

● ÖPNV: Bahnhof Gengenbach, etwa 20 Gehminuten

Für Gipfelstürmer

67 Unterwegs auf der Hornisgrinde bei Seebach

Während andere Berggipfel eine steinig-schroffe Szenerie aufweisen, ist die 1164 Meter hohe Hornisgrinde eher lieblich und somit ein idealer Ort für ausgedehnte Spaziergänge. Der Name leitet sich vermutlich von den mittelhochdeutschen Wörtern „horn", „mis" und „grinte" ab und bedeutet so etwas wie: Bergrücken, der auf seiner Höhe ein Moor trägt. In den warmen Monaten flattern zahllose Schmetterlinge auf dem breiten Hochplateau des höchsten Bergs im Nordschwarzwald. Da es sich um ein Hochmoor handelt, gedeiht hier eine ganz besondere Vegetation aus Rasenbinse, Heidekraut, Wollgras und Latschenkiefern. Ein eigens angelegter Lehrpfad auf dem Plateau bietet allerlei Hintergrundinfos über geografische Besonderheiten, Flora und Fauna.

Auch die beiden Türme auf dem Plateau sind ein Anziehungspunkt. Der eher schlichte Bismarckturm liegt auf dem höchsten Punkt des Hornisgrindebergs und darf kostenlos erklommen werden. An die Hinterlassenschaften einer Burg erinnert wiederum der Hornisgrinde-Aussichtsturm, der gegen einen kleinen Eintrittspreis ebenfalls für Besucher zugänglich ist. Im Anschluss könnte noch eine Einkehr in der schicken Grinde-Hütte erfolgen, die gleich neben dem Aussichtsturm liegt. Im modernen Hüttenambiente serviert das junge Restaurant-Team sowohl deftige als auch süße Speisen. Den herrlichen Panoramablick in den Schwarzwald bekommen die Gäste gratis dazu.

TIPP

Auf der Hornisgrinde liegt auch eine Bunkeranlage, die regelmäßig für Führungen geöffnet wird.

Zu erreichen ist die Hornisgrinde über viele gut befestigte Wanderrouten. Ein empfehlenswerter Startpunkt ist beispielsweise der Mummelsee (siehe Glücksort 17). Von dort aus führt ein etwa 2 Kilometer langer Weg nach oben. Im Winter gibt es auch Pfade für Schneeschuhwanderungen, die auf das Hochplateau führen. Dann verhüllt ein Schneeteppich das Hochmoor. Wieder zeigt sich die Hornisgrinde von der lieblichen Seite, und zwar im Wintermärchen-Look.

- Hornisgrinde, www.seebach.de
- ÖPNV: Bus 423, 425, Hornisgrinde Turm/Seebach

Pauken wie anno dazumal

68

Das Schulmuseum in Zell-Weierbach

Im Vorteil sind all diejenigen, die sich vorher gründlich die Hände gewaschen haben. Tintenkleckse auf den Fingern sind hier ebenso verpönt wie Tuscheln mit dem Banknachbarn oder allzu langes Nachdenken, wenn eines der Zehn Gebote aufgesagt werden soll. Allerdings fallen die Strafen hier – anders als im echten Schulunterricht vor 100 Jahren – äußerst milde aus. Ungezogene Pennäler bekommen höchstens für ein paar Minuten eine lustige Eselsmütze aufgesetzt und auch sonst gibt es viel zu lachen. Mit augenzwinkerndem Ernst laden die Lehrer im Schulmuseum von Zell-Weierbach zur historischen Unterrichtsstunde ein. Bereits das authentisch ausgestattete Klassenzimmer regt zur nostalgischen Zeitreise an. Auf antiken Schulbänken liegen Schiefertafeln und Griffel bereit. Sütterlinschrift, antike Landkarten oder kaisertreue Gemälde schmücken die Wände.

TIPP

Gleich ums Eck liegt das Rebland Café See – ideal für eine Einkehr nach dem Museumsbesuch.

Über drei Stockwerke erstreckt sich das Schulmuseum, das vermutlich zu einem der umfangreichsten seiner Art zählt. Und da sich hier einst tatsächlich eine Schule befand, gibt es keinen authentischeren Ort für eine Expedition in die Geschichte der Wissensvermittlung. Die umfangreiche Sammlung ist das Ergebnis des Engagements vieler Ehrenamtlicher, die den Fundus zusammentrugen und verschiedenste Abteilungen gestalteten. Neben dem historischen Klassenzimmer sind beispielsweise eine umfangreiche Schulbuchbibliothek, eine Nähstube mit allerlei Häkel- und Schnittvorlagen sowie eine Sammlung von früheren Lehrhilfsmitteln vorhanden: Rechenschieber, Leseuhren und andere schlaue Erfindungen aus einer Zeit, als das Wort Computer noch nicht mal gedacht wurde. Zum Haus gehört auch eine authentisch ausgestattete Lehrerwohnung nebst einer schlichten Dachkammer, mit der sich einst die Hilfslehrer begnügen mussten. Beim Anblick des armseligen Bettkastens wundert es nicht, dass sich frühere Pädagogen bei der Benotung gnädig stimmen ließen, wenn Bauernkinder zusätzlich zu den Hausaufgaben ein paar Leckereien vom Hof mitbrachten – gemäß dem Motto: Speck und Eier bringen Einser und Zweier.

- Schulmuseum Zell Weierbach, Schulstraße 3, 77654 Offenburg/Zell-Weierbach, Tel. (01 72) 1 07 80 74, www.museum.schule
- ÖPNV: Bus S2, Zell-Weierbach Ortsmitte/Offenburg, wenige Gehminuten

KREIS BADEN

Kleines Dschungelfieber

69

Der Auen-Wildnispfad in Neuried

Wer morgens hier ankommt, wenn andere vielleicht noch beim Frühstück sind, genießt die Einsamkeit mitten in der Natur. Wobei es streng genommen gar nicht einsam ist. Mannigfaltiges Vogelzwitschern liegt in der Luft und Frösche stimmen sich quakend auf den Tag ein. Dieses Stückchen badische Wildnis ist die Heimat vieler Tiere, weshalb wir zweibeinigen Gäste ihren Lebensraum schützen und nur auf dem vorgegebenen Weg spazieren sollten. Dieser präsentiert sich als etwa 3 Kilometer langer Pfad, der auf fantasievolle Art in die Landschaft eingefügt wurde. Da geht es mal über hölzerne Stege und mal über Brücken. Manchmal liegen breite Holzstämme quer über der Route und zwingen zu kleinen Sportübungen – wobei für alle, die möglichen Stolperfallen im wahrsten Sinne des Wortes aus dem Weg gehen wollen, auch alternative Strecken zur Verfügung stehen. Hier im Polder Altenheim ist ein herrliches Stück badische Auenwildnis erhalten geblieben, das ein Gefühl von Dschungelexpedition vermittelt, weshalb dieses Ausflugsziel speziell auch bei Kindern besonders beliebt ist.

Wo die Altrheinarme immer wieder über die Ufer treten und das Hochwasser zum Schutz der Rheinanlieger zurückgehalten wird, schlängelt sich der Auen-Wildnispfad durch die urtümliche Landschaft. Da es sich um ein echtes Stück Natur handelt, ist nach langen Niederschlägen Vorsicht geboten! Beim Startpunkt zeigen Pegelstände, wie stark die Wege überflutet sein könnten. Liegt der Wasserstand im roten Bereich, ist der Besuchsverkehr gesperrt. Gelb und grün sind in Ordnung, wobei Letzteres zu bevorzugen ist, wenn der Pfad ohne matschige Füße und größere Rutschgefahr gemeistert werden soll. Für eine Rast mitten im Grünen stehen Aussichtplattformen und Stege bereit. Wer die frühen Stunden für den Besuch nutzt, genießt hier vielleicht den ersten Morgenkaffee aus der Thermoskanne. Stimmungsvoller lässt sich kaum in den Tag starten.

TIPP

Parken und Vesperproviant kaufen beim „Armbrusters Lieblingsplatz" im Europäischen Forum am Rhein.

- Auen-Wildnispfad, Neuried, www.neuried.net/wandern.html
- ÖPNV: Bus R2, Altenheim Europäisches Forum am Rhein/Neuried, wenige Gehminuten

Badischer Indian Summer

70 Bunte Spaziergänge rund um Sankt Peterstal-Griesbach

Ganz anders als sein Name es vermuten lässt, ist der Schwarzwald bunt – vor allem im Herbst. Es waren wohl die Römer, die ihm den düsteren Namen verliehen. „Silva nigra" (schwarzer Wald) tauften sie ihn, nachdem sie die Alpen überquerten und den dunklen Tannenwald erblickten, der den Ankommenden wie eine unheimliche Mauer erschien. Damals gab es hier tatsächlich nur eine riesige Waldfläche und nicht das malerische Naturspektakel mit Wiesen, Weiden und schmucken Ortschaften, wie es sich uns heute präsentiert.

Gerade im Herbst feiern die Laubbäume und Rebhänge rund um den Schwarzwald ihren großen Auftritt mit einem herrlichen Farbenrausch. Wir müssen nicht nach Nordamerika fliegen, um ein Gefühl vom Indian Summer zu bekommen. Auch die Ortenau erfreut allerorts mit Blattverfärbungen in leuchtendem Rot und Gelb und all den Nuancen dazwischen. Je nach Trockenheit des Sommers beginnt das Spektakel im September und wird im Laufe der Zeit immer farbenfroher. Beobachten lässt es sich auf nahezu allen Wanderwegen, die nicht ausschließlich durch Nadelwälder führen. Eine wunderbare Strecke für herrliche Panoramaaussichten ist beispielsweise der rund 13,5 Kilometer lange Wiesensteig bei Bad Peterstal-Griesbach, der durch eine facettenreiche Landschaft mit allerlei Bergwiesen und schönen Rastplätzen geleitet. Die eher anspruchsvolle Strecke startet beim Wanderparkplatz Weiherplatz in Bad Peterstal-Griesbach. Von dort geht es entlang der Wilden Rench und vorbei an kleinen Wasserfällen, dem Breitenberg und entlang der Haberer Hütte. Beim Spaziergang durch die herbstliche Landschaft wird bei manchen Wanderern die Sammlerfreude geweckt. Während sonst beim Pflücken von Zweigen, Blumen und Früchten am Wegesrand eher das Gebot der Zurückhaltung gilt, fällt uns das bunte Herbstlaub regelrecht zu Füßen und darf gern mitgenommen werden – etwa als Tischdeko, damit das Indian-Summer-Feeling sogar daheim einziehen kann.

TIPP

Auch die beliebte Renchtalhütte (siehe Glücksort 50) liegt auf der Strecke.

● Wiesensteig, Bad Peterstal-Griesbach, www.bad-peterstal-griesbach.de

Zu Gast bei der Kunst

71

„Der Rebstock" in Kehl mit kreativem Flair

Bereits beim Betreten dieses Hauses entsteht der Eindruck, eine außergewöhnliche Galerie zu besuchen. Allerdings eine von der Sorte, in der ein lässiges Wohlfühlflair herrscht. „Plauderei" wurde der Cafébereich neben der Hotel-Rezeption getauft. Verschiedene Sitzgelegenheiten laden dazu ein, bei einer Tasse Kaffee das fantasievoll gestaltete Ambiente zu betrachten. Mehr als 400 Bilder sind im ganzen Haus ausgestellt: Humorvolle Zeichnungen des elsässischen Aktionskünstlers Raymond Waydelich zeigen sich neben Drucken von Andy Warhol, einer Fotografie von Romy Schneider und vielen anderen Werken. Die besondere Lage des Hotels unweit von Straßburg spiegelt sich in der Einrichtung wider, die französische und deutsche Elemente auf besondere Art vereint.

TIPP

Der hauseigene Concept-Store bietet Designobjekte und regionale Feinschmeckerei.

„Der Rebstock" unterliegt dank der kunstsinnigen Inhaber Christine und Rudi Grieshaber fortlaufend einem kreativen Wandel. Alle Zimmer sind individuell ausgestattet und jedes trägt einen anderen Namen. Beim Raum „Verhüllung" ist das Bett von zartem Stoff eingerahmt und die Bilder an der Wand erinnern an das weltbekannte Verpackungskünstler-Ehepaar Christo. Das Zimmer „Hilde" ist eine feminin gestaltete Hommage an die Schauspielerin und Sängerin Hildegard Knef und das Studio „Kathrin Jilg" trägt die Handschrift der gleichnamigen Ortenauer Designerin (siehe Glücksort 64).

Auch im hauseigenen Restaurant – schlicht „Esszimmer" getauft – sind alle Produkte mit Bedacht ausgewählt. Wann immer möglich, gibt es regionale Speisen und auch hier treffen deutsche und französische Einflüsse aufeinander, gekrönt von einer guten Portion italienischem Temperament. Serviert wird beispielsweise Rinderfilet vom regionalen Metzger und dazu Café-de-Paris-Sauce. Tonkabohnen-Panna Cotta mit Rosmarin zergeht als cremiges Dessert auf der Zunge. Und dazu vielleicht ein badischer Spätburgunder? Eigens fürs Hotel entwarfen verschiedene Künstler verspielte Weinetiketten samt Untersetzer. Aromatischer kann Malerei kaum zum Verweilen anregen.

- Der Rebstock, Hauptstraße 183, 77694 Kehl, Tel. (0 78 51) 9 10 40
  www.rebstock-kehl.de
- ÖPNV: Bus 7144, 7146, K1, Ritterstraße Kehl, wenige Gehminuten

Apero
BAR

Zaubern mit Glas

72

Besichtigung der Dorotheenhütte in Wolfach

Faszinierend einfach sieht es aus, wenn die Handwerkskünstler das glühende Glas in Form bringen. Wer dabei zusehen darf, vergisst schnell die Zeit. Mit gekonnten Handgriffen werden zierliche Vögel geformt oder bauchige Vasen. Für Letztere kommt die Glasmacherpfeife zum Einsatz, die dem flüssigen Material seine runde Form verleiht. Um den Mix aus reinem Quarzsand, Pottasche und Bleimennige in Gefäße und Schmuckobjekte zu verwandeln, bedarf es einer ruhigen Hand und sehr viel Erfahrung. Wer möchte, kann auch selbst ein bisschen mithelfen und zusammen mit den Handwerkern eine Vase ganz nach eigenem Wunsch herstellen. Die Dorotheenhütte in Wolfach bietet dank ihrer offenen Produktion einen faszinierenden Einblick in den Umgang mit einem der weltweit ältesten Werkstoffe. Neben den Produktionsöfen befindet sich auch ein musealer Bereich, der einen Streifzug durch rund 2000 Jahre Glasgeschichte bietet. Filmvorführungen komplettieren den Einblick in das virtuose Handwerk, für das sich bis heute junge Lehrlinge begeistern, die in der Dorotheenhütte ausgebildet werden.

Der Betrieb in Wolfach ist die einzige noch aktive Glasmacherei im Schwarzwald und hält damit eine Tradition aufrecht, die einst in dieser Region tief verwurzelt war. Doch in Zeiten, in denen Trinkgläser als Massenprodukt überall erhältlich sind, haben es alte Manufakturen schwer – es sei denn, sie setzen wie die Dorotheenhütte ganz bewusst auf Qualität und beglücken einen kleineren und dafür anspruchsvolleren Kundenkreis. Die Produkte aus Wolfach werden beispielsweise an die Landesregierung von Baden-Württemberg oder das dänische Königshaus geliefert. Wer die Manufaktur besucht, hat natürlich die Möglichkeit, selbst ein gläsernes Andenken zu erwerben: von kleineren Geschenkartikeln bis hin zu den sogenannten Überfanggläsern, deren komplizierte Herstellung nur noch wenige Glasmacher beherrschen. In Wolfach wird auch das Geheimnis dieser Technik gelüftet.

TIPP

Deftige Speisen und leckere Kuchen bietet das hauseigene Restaurant Hüttenklause.

- Dorotheenhütte, Glashüttenweg 4, 77709 Wolfach, Tel. (0 78 34) 8 39 80 www.dorotheenhuette.de
- ÖPNV: Bus 7150, Glashütte Wolfach

Schmucke Altstadt

73

Bummeln durch Haslach im Kinzigtal

Mit unermüdlichem Eifer wacht ein Bauernmädchen über einige Ferkel, die sich in der Haslacher Hauptstraße herumtreiben. Bänke ermuntern dazu, an diesem Ort zu verweilen und das Ensemble der deutsch-französischen Bildhauerin Martine Heise-Rousselot näher zu betrachten. Im Jahr 2015 herrschte kurzzeitig Aufregung, als eines der Schweinchen aus der Skulpturengruppe überraschend verschwunden war. Diebe hatten das Bronzetier mitsamt Verankerung gestohlen, um es wenig später wieder unversehrt an Ort und Stelle zurückzubringen – womöglich aus schlechtem Gewissen für ihre kunstfeindliche Tat. Was blieb, war eine amüsante Anekdote, die sich in die lange Historie der Stadt Haslach einreiht. Bereits die Römer besiedelten diesen Flecken im Kinzigtal. Eine erste Blütezeit erlebte die Stadt im 13. Jahrhundert als Zentrum eines bedeutenden Schwarzwälder Silberbergbaureviers. Ab dem 17. Jahrhundert entwickelte sich Haslach dann als Marktstadt weiter.

Ihre schmucke Architektur mit vielen Fachwerkzeilen ist bis heute größtenteils erhalten geblieben und so steht die Haslacher Altstadt als Gesamtanlage unter Denkmalschutz und gehört außerdem zur Deutschen Fachwerkstraße. Die breiten Marktstraßen, schmucken Plätze und verwinkelten Gässchen sind wie geschaffen für einen Stadtbummel. Da viele Cafés und Läden die historischen Bauwerke beleben, lässt sich hier auch wunderbar shoppen und einkehren. Zunächst empfiehlt sich ein Abstecher in die Tourismusinformation im alten Kapuzinerkloster, um eine Übersicht über die wichtigsten Baudenkmäler zu erhalten, wie etwa das markant bemalte Rathaus. Außerdem ist das Kloster selbst ein Highlight und hütet beispielsweise ein eigenes Trachtenmuseum.

Angst davor, sich zu verlaufen, muss hier niemand haben, denn die ringförmig angelegten Straßen umschließen den Stadtkern und führen immer wieder zurück zur Hauptstraße. Dort wacht noch immer das Bauernmädchen über ihre Ferkel. Sie hat sich für ihren Dauerdienst einen wahrhaft angenehmen Ort ausgesucht.

TIPP

Jeden Samstagvormittag findet rund um das Haslacher Rathaus ein schöner Wochenmarkt statt.

- Tourist-Info Haslach, Klosterstraße 1, 77716 Haslach, Tel. (0 78 32) 70 61 72 www.haslach.de
- ÖPNV: Bahnhof Haslach, wenige Gehminuten

GIESLER
Eis

Schlossgeschichten

74 Unterwegs rund um die Burgruine in Hornberg

Wer im Mittelalter hier nächtigte, musste sich mit dunklen Burgkammern begnügen. Üblich waren außerdem kurz gebaute Betten, die mehr zum Sitzen als zum Liegen gedacht waren. Das Schlafen in halb aufgerichteter Position galt damals als gesund. Darüber dürfen wir heute gern schmunzeln, während wir uns vertikal ins breite Bett lümmeln. Den zeitgemäßen Vorstellungen von Komfort entsprechend bietet das Hotel Schloss Hornberg elegant und behaglich ausgestattete Zimmer, die ideal geeignet sind für alle, die sich länger an diesem besonderen Ort erholen möchten. Wobei sich der Schlossberg auch als gutes Ziel für einen Tagesauflug erweist.
Fußwege und befahrbare Straßen führen nach oben, wo die Reste der historischen Burganlage zum Erkunden einladen. Anders als beim gegen Ende des 19. Jahrhunderts entstandenen Neuen Schloss – heute Sitz des Schlosshotels – reicht die Geschichte der nebenan liegenden Burg fast 1000 Jahre zurück. Der 30 Meter hohe Aussichtsturm und das Rondell bieten jeweils wunderbare Ausblicke auf Hornberg und das umliegende Gutachtal. Verschiedene Informationstafeln berichten über die bewegte Geschichte der Anlage und auch über deren prominente Bewohner. Der Minnesänger Bruno von Hornberg soll beispielsweise zwischen 1275 und 1310 auf der Burg gelebt und gewirkt haben. Ihm zu Ehren ist auf dem Hornberger Schlossberg die schmucke Minnesängerstube eingerichtet, inklusive Tonproben von Bruno von Hornbergs Lyrik. Mit digitalen Mitteln wird auf der Burganlage auch die Geschichte des Volksschauspiels „Das Hornberger Schießen“ erzählt (siehe Glücksort 36). Die legendäre Bühne am Storenwald ist vom Schlossberg ebenfalls gut zu sehen. Nach der Besichtigung der Burgruine erfolgt vielleicht noch eine Einkehr im Biergarten des Schlosshotels. Das Weizen oder Radler der Hornberger Traditionsbrauerei Ketterer schmeckt an dieser Adresse besonders vorzüglich.

TIPP

Das Hornberger Stadtmuseum gewährt ebenfalls spannende Einblicke in die Historie des Ortes.

- Hotel Schloss Hornberg, Auf dem Schlossberg 1, 78132 Hornberg, Tel. (0 78 33) 9 65 50, www.schloss-hornberg.de, www.hornberg.de
- ÖPNV: Bahnhof Hornberg, etwa 15 Gehminuten

Mineralien + Mathe = Spaß

75

Das spielerische MiMa-Museum in Oberwolfach

Ein denkmalgeschütztes Hofbauernhaus in Oberwolfach vereint unter seinem Dach zwei Themengebiete: Mineralien und Mathematik. Und selbst wer das Letztere nicht unbedingt als Lieblingsschulfach nennen möchte und noch dazu kaum Erfahrung mit Barytkristall, Achat oder Pyrit hat, sollte sich auf die Kombination beider Wissensgebiete einlassen. Auf drei Stockwerken verführt das Museum für Mineralien und Mathematik – kurz MiMa-Museum genannt – zu einer interessanten Erkundungstour mit vielen interaktiven Elementen. Mehr als 2000 Mineralien in faszinierender Vielfalt gibt es zu bestaunen.

Ein Großteil der Sammlung stammt aus der noch heute aktiven Grube Clara in Wolfach-Kirnbach, die sozusagen die Schatzkiste für das MiMa-Museum ist. Bereits in den 1970er-Jahren trafen sich Mineraliensammler aus der Region zur gemeinsamen Bestimmung ihrer Funde aus der Grube Clara. In diesem Kreis entstand der Gedanke, die privaten Sammlungen in einer Ausstellung zu zeigen. Bald darauf war die Idee eines Mineralienmuseums geboren und da sich in Oberwolfach auch das renommierte Mathematische Forschungsinstitut befand, öffnete im Jahr 2010 das MiMa-Museum als Gemeinschaftsprojekt.

TIPP

Sich selbst auf die Suche nach Mineralien begeben in der Grube Clara in Wolfach-Kirnbach.

Die Kooperation beider Wissensgebiete ist keineswegs willkürlich. Die Kristallstruktur der verschiedenen Funde erscheint bei genauerer Betrachtung oft so geometrisch, als hätte sie nicht Mutter Natur geschaffen, sondern ein 3D-Drucker nach streng mathematischen Vorgaben. Hier zeigt sich die spannende Überschneidung beider Themengebiete. Verschiedene interaktive Touchscreens laden dazu ein, Kristallmodelle näher zu erforschen – beispielsweise mit einem virtuellen 3D-Flug mitten hinein ins Kristallgitter. Je mehr der Blick für die geometrische Formenvielfalt geschärft wird, desto faszinierender erscheinen die ausgestellten Mineralien in ihrer facettenreichen Pracht. Am Ende des Besuchs ist man gewiss noch kein Mathematiker und auch kein Mineralienspezialist, aber selten hat Wissenschaft so viel Spaß gemacht.

- Museum für Mineralien und Mathematik, Schulstraße 5, 77709 Oberwolfach, Tel. (0 78 34) 94 20, www.mima.museum
- ÖPNV: Bus F13, Kirche/Lindenplatz Oberwolfach, wenige Gehminuten

Eine Stadt im Blütenrausch

76

Die spätherbstliche Chrysanthema in Lahr

Während andernorts die Balkonpflanzen entsorgt und die Beete für den Winter vorbereitet werden, blüht Lahr gegen Ende Oktober nochmal richtig auf – und zwar im wortwörtlichen Sinne. Die ganze Innenstadt putzt sich mit üppigen Blütenteppichen heraus. Auch vertikal erobern die bunten Schönheiten allerlei Fassaden und Mauern, als hätte eine Fee die Stadt mit einem floralen Zauber belegt. Dabei sind es natürlich viele fleißige Gärtnerhände, die das deutschlandweit einzigartige Blumenfestival Chrysanthema alljährlich realisieren. Dessen Entstehung reicht zurück in die 1980er-Jahre, als Lahrer Stadtgärtner bei einem Besuch der französischen Partnerstadt Dole zum ersten Mal die Kaskadenchrysanthemen entdeckten – eine Blütenform, die damals hierzulande nahezu unbekannt war. Im November 1993 wurden dann erstmals auch in Lahr öffentliche Gebäude mit Kaskadenchrysanthemen geschmückt.

Was klein begann, entwickelte sich in der folgenden Zeit zu einer spektakulären Freilandausstellung mit unzähligen Blüten. Besucher aus aller Welt bestaunen die blühenden Kunstwerke und recken die Selfie-Sticks in die Luft, um sich selbst vor dem Farbenmeer zu fotografieren. Es ist kein Zufall, dass viele Asiaten auf ihren Europa-Rundreisen unbedingt einen Zwischenstopp in Lahr einlegen wollen. Chrysanthemen haben dort eine besondere Bedeutung: In Japan ist die Pflanze aus der Familie der Korbblütler beispielsweise Symbolblume des Kaiserhauses und sozusagen Nationalgewächs. In das Rahmenprogramm rund um die Chrysanthema reihen sich auch immer wieder Veranstaltungen, die der Kulturgeschichte der Blumen nachspüren.

Wer die bunte Pracht ohne allzu viel Rummel in Ruhe genießen möchte, kommt am frühen Morgen nach Lahr. Nach dem blütenreichen Stadtbummel gibt es dann den ersten Cappuccino in einem der Stadtcafés – natürlich mit Blick durchs Fenster auf die Blumen. Bevor der Winter naht, gönnen wir uns noch eine große Dosis Blütenrausch.

TIPP

Während der Chrysanthema unbedingt den Stadtpark besuchen – siehe Glücksort 54.

- Chrysanthema, Lahr, www.chrysanthema.de
- ÖPNV: Bus 103, 105, 106, 113, Rathausplatz Lahr, wenige Gehminuten

Mit Karpfen auf Tuchfühlung

77

Die Fischtreppe in Rheinau-Gambsheim

Ein paar Stufen geht es nach unten in das Besucherzentrum der „Fischtreppe Passage 309“ und mit jedem Treppenabsatz taucht der Gast tiefer ein in den Rhein. Schnell fällt der Blick auf drei riesige Beobachtungsfenster, die den Fluss aus ungewohnter Unterwasserperspektive zeigen. Sitzplätze laden dazu ein, für eine Weile dort Platz zu nehmen und die Becken zu beobachten. Mit etwas Glück sind Lachse, Forellen oder andere Fische der rund 30 verschiedenen Arten zu erkennen, die über die Fischtreppe die Staustufe Gambsheim/Rheinau passieren – gerade rund um die Laichzeiten im April und Mai herrscht viel Unterwasserverkehr, weshalb ein Besuch der Passage 309 dann besonders lohnenswert ist.

Die Fischtreppe zählt europaweit zu einer der größten Anlagen ihrer Art und wurde als deutsch-französisches Gemeinschaftsprojekt realisiert, um den Fischbestand im Rhein zu erhalten und zu vermehren. Streng genommen befindet sich dieser Glücksort ganz knapp auf der französischen Seite, gilt aber trotzdem als Touristenattraktion von Rheinau. Neben den großen Beobachtungsbecken, allerlei Schautafeln und spielerischen Stationen für Kinder gibt es im Besucherzentrum natürlich auch verschiedene Aquarien. Eine Art Rendezvous mit Wassertieren ermöglicht das Berührungsbecken: Hier dürfen Fische vorsichtig von Hand gefüttert werden. Es ist ein unbeschreibliches Gefühl, wenn die kleinen Mäulchen nach den Leckereien schnappen.

TIPP

Noch weiter hinein ins französische Gambsheim fahren und die elsässische Küche ausprobieren.

Übrigens gibt es im Berührungsbecken ausnahmsweise keine typischen Rheinbewohner, sondern asiatische Koi-Karpfen. „Rheinkarpfen würden zu schnell wachsen“, erklärt der freundliche Museumsangestellte. Er empfiehlt, den begleitenden Audioguide zu erwerben. Dieser führt auch zu Stationen außerhalb des Besucherzentrums und regt dazu an, das umliegende deutsch-französische Rheinareal näher zu erkunden. Vielleicht lässt sich hier und da nochmal ein Lachs an der Wasseroberfläche blicken, nachdem er den Aufstieg über die Treppe gekonnt gemeistert hat.

● Fischtreppe Passage 309, Passage sur le Rhin, 67760 Gambsheim, Tel. +33 (3 88) 96 44 08, www.passage309.eu

Mühle mit Vergangenheit

78

Der Jägertonihof in Schuttertal

Von Schuttertal aus führt der Weg einen guten Kilometer am Prinschbach-Weg entlang bis zum Jägertonihof. Ein bisschen Kraft braucht man dafür in den Beinen, denn die Strecke hat eine deutliche Steigung – kann aber auch mit dem Auto zurückgelegt werden. Beim Erreichen des Ziels fällt sofort die historische Mühle ins Auge. Um sie auch von innen besichtigen zu können, ist eine vorherige Anmeldung bei den Gastgebern Alfred und Isolde Kopf nötig. Das Ehepaar bewohnt und bewirtschaftet zusammen mit der Familie den geschichtsträchtigen Jägertonihof.

Die Historie des Anwesens geht zurück in das Jahr 1511. Schon damals gab es am Prinschbach eine Hausmahlmühle, die als Vorgängerin der Jägertonihof-Mühle gilt. Die heutige Wassermühle wurde 1842 erbaut und ist in ein Kornspeichergebäude integriert. Eine Besonderheit, die einst aus der Not geboren wurde: Um neues Baumaterial einzusparen, wurden verschiedene Wirtschaftsgebäude einfach unter einem Dach zusammengefasst. Zwar ist das Wasserrad seit 1970 nicht mehr in Betrieb, seinen idyllischen Charme hat sich das Anwesen dennoch bewahrt.

Wer ganz besondere Stunden auf dem Hof verbringen möchte, bucht als Gruppe eine Bauernvesper im urigen Gästekeller. Der Raum bietet Platz für bis zu 60 Personen. Doch auch wer allein oder zu zweit unterwegs ist, kann in den Genuss von Jägertonihof-Spezialitäten kommen. Im hauseigenen Hofladen bietet Familie Kopf hochwertige Fleischprodukte aus eigener, artgerechter Weide- und Mutterkuhhaltung an. Auch Schnäpse, Waldhonig und allerlei andere kulinarische Spezialitäten bereichern das Sortiment. Beim Hofladen gibt es übrigens keine festen Öffnungszeiten, deshalb empfiehlt es sich, vorher anzurufen oder alternativ einfach auf gut Glück vorbeizukommen. Sind die Hofbesitzer da, öffnen sie den Laden gern auch spontan.

TIPP

Jedes Jahr am Pfingstsonntag und Pfingstmontag lädt der Jägertonihof zum großen Mühlenfest ein.

Jägertonihof, Prinschbach 1, 77978 Schuttertal/Dörlinbach, Tel. (0 78 26) 718
www.jaegertonihof.de

Süße Belohnungen

79 Das Confiserie-Kaffeehaus Gmeiner in Offenburg

Es gibt diese Momente, die nach einer Belohnung verlangen, und dafür lassen sich mit etwas Fantasie äußerst viele Gründe finden: vielleicht vor oder nach einem langen Arbeitstag oder beispielsweise, weil vorhin der Bus verpasst wurde und die Zeit des Wartens sinnvoll genutzt werden muss. Womöglich wurde der Bus sogar absichtlich verpasst, aber das ist egal, denn auf den Schokoladenseiten des Lebens gelten keine peniblen Kontrollen.

Wann immer also die Lust nach einer Belohnung aufsteigt, ist die Confiserie Gmeiner in Offenburg eine ideale Anlaufstelle. Allein der Blick auf die Auslagen ist eine Freude. Passend zur Jahreszeit lassen sich die Chocolatiers immer wieder neue Kreationen einfallen: Petit Fours verziert mit Osterhasen, Kastanien oder Spargel aus Schokolade, Christbäume aus Mandelsplittern und vieles mehr. In das Jahr 1898 reicht die Geschichte der Confiserie zurück und seit Beginn wird sie von der Familie Gmeiner geführt. Die Herstellung der Torten und Pralinen erfolgt in Appenweier – und zwar in reiner Handarbeit und nur unter Verwendung bester Rohstoffe. Neben dem Kaffeehaus in der Offenburger Fußgängerzone gibt es in der Ortenau auch ein schönes Lokal in der Oberkircher Hauptstraße. Außerdem betreibt die Schwarzwälder Manufaktur deutschlandweit noch weitere Filialen – sogar in Japan verkauft sie ihre Spezialitäten.

Manche Kunden gönnen sich ein paar Pralinen oder Macarons zum Mitnehmen, andere nehmen Platz und lassen sich eine Leckerei frisch servieren. Besonders begehrt ist der britische Afternoon Tea, der in Offenburg jeweils nachmittags angeboten wird. Dann schlemmen Besucher hausgemachte Orangen-Scones nach dem Originalrezept des altehrwürdigen Londoner Kaufhauses Harrods mit Clotted Cream und Erdbeerkonfitüre sowie weiteren feinen Köstlichkeiten. Perfekt, um sich einfach mal selbst zu belohnen. Gründe dafür gibt es bekanntlich reichlich …

TIPP

Die handgeschöpften Schokoladentafeln in rund 50 Varianten sind ein perfektes Mitbringsel.

- Confiserie Kaffeehaus Gmeiner, Steinstraße 2, 77652 Offenburg, Tel. (07 81) 7 03 02, www.chocolatier.de
- ÖPNV: Bus R2, S2, S6, 7141, Rathaus/Zentrum Offenburg, wenige Gehminuten

lmilch Carré

Ein kühner Kalender

80

Verwandlungskunst des Gengenbacher Rathauses

Wenn ein so schönes Gebäude wie das Rathaus in Gengenbach ausgerechnet 24 Fenster hat und Mitarbeiter des Stadtmarketings den Plan hegen, einen einzigartigen Kalender zu gestalten – dann entstehen kühne Ideen. Und zwar von der Sorte, die sich bald als Glücksfall erweisen. Nicht weniger als das weltgrößte Adventskalenderhaus wurde von engagierten Gengenbacher Bürgern ins Leben gerufen und das zum allerersten Mal im Jahr 1996. Mit ihrem Plan überzeugten die Kalender-Enthusiasten sogar den international renommierten Maler Otmar Alt, sodass dieser alle 24 Fenster für das Projekt gestaltete. Von Anfang an war klar, dass der Gengenbacher Kalender im Zeichen der Kunst stehen sollte. Durch eine aufwendige Beleuchtung strahlen die Motive über den ganzen Marktplatz hinweg und setzen Malerei auf eine Art und Weise in Szene, wie man sie sonst nicht zu Gesicht bekommt. Regelmäßig wurden die Motive in den vergangenen Jahren komplett ausgewechselt. Zu bewundern gab es beispielsweise Werke von Marc Chagall, Tomi Ungerer oder Antoine de Saint-Exupéry mit seinem weltbekannten Buchklassiker „Der kleine Prinz". Wer möchte, kann als Bildpate auftreten und eines der Motive als Dauerleihgabe erwerben – allerdings erst, wenn wieder eine neue Bilderserie für den Kalender geplant ist, was in der Regel alle drei Jahre geschieht.

TIPP

Von der Türmerstube im Kinzigtorturm den Blick auf die Gengenbacher Altstadt genießen.

Während der Schokoladen-Adventskalender in der Familie gern schon am Vormittag geöffnet wird, enthüllt das Rathaus sein tagesaktuelles Fenster in den Abendstunden, wenn sich Hunderte Menschen auf dem Weihnachtsmarkt rund um den Marktplatz versammelt haben. Ein eigens inszeniertes Schauspiel passend zu den aktuellen Kalendermotiven begleitet das tägliche Ritual der Fensteröffnung. Sogar die Becher der Glühweinstände sind auf den Kalender abgestimmt und auch das gegenüberliegende Museum Haus Löwenberg zeigt eine Ausstellung korrespondierend zur Freiluftkunst. Die ganze Stadt feiert den Adventskalender und damit eine größenwahnsinnige Idee, die sich als großartig erwies.

- Adventskalenderhaus Gengenbach am Rathaus, Victor-Krentz-Straße 2, 77723 Gengenbach, www.stadt-gengenbach.de
- ÖPNV: Bahnhof Gengenbach, wenige Gehminuten

Bibliografische Informationen der Deutschen Nationalbibliothek
Die Deutsche Nationalbibliothek verzeichnet diese Publikation in der Deutschen Nationalbibliografie; detaillierte bibliografische Daten sind im Internet über http://dnb.d-nb.de abrufbar.

Konzeption/Satz: Droste Verlag, Düsseldorf
Einbandgestaltung und Illustrationen: Britta Rungwerth, Düsseldorf, unter Verwendung von Bildern von © Fotolia.com: jd – photodesign.de; © iStock: Plociennik Robert
Textlektorat: Brigitte Lotz, Essen
Fotos: Marion Stieglitz, außer: S. 9: Michael Gregonowits; S. 17: BraxArt; S. 29: Andreas Wenck Fotografie; S. 33: Dennis Börschig; S. 37, S. 53, S. 127, S. 147: Tina Schramm; S. 41: Erlebniswelt Mummelsee; S. 47: Ramsteinerhof; S. 55: Wild Schnapsbrennerei & Weingut; S. 57, S. 119: Europa-Park GmbH & Co Mack KG; S. 59: Hotel, Café & Restaurant Mühlenglück; S. 69, S. 109, S. 151: Martin Gutacker; S. 71: Weingut Weber; S. 83: Angelika Wolf; S. 91: Hermann Schmider; S. 99: Mueller and Feh Fotografie und Design; S. 107: Renchtalhütte - Hotel Dollenberg; S. 113: Hotel Liberty; S. 121: Schwarzwälder Freilichtmuseum Vogtsbauernhof; S. 129: Noemi Verolla Photography; S. 139: Weinhotel Pfeffer & Salz; S. 149: Andreas Anselm; S. 167: H. Grimmig

FSC www.fsc.org
MIX
Papier aus verantwortungsvollen Quellen
FSC® C011279

Druck und Bindung: LUC GmbH, Greven
ISBN 978-3-7700-2331-8

www.droste-verlag.de